启程的社工

学◎思◎行

QICHENG DE SHEGONG XUE SI XING

李权财/等 著

西南财经大学出版社

图书在版编目(CIP)数据

启程的社工:学·思·行/李权财等著.—成都:西南财经大学出版社,2023.8
ISBN 978-7-5504-5900-7

Ⅰ.①启… Ⅱ.①李… Ⅲ.①社会工作—教育研究—中国
Ⅳ.①D632

中国国家版本馆 CIP 数据核字(2023)第 155542 号

启程的社工:学·思·行

李权财 等著

策划编辑:何春梅
责任编辑:肖 翀
责任校对:周晓琬
封面设计:杨红英
责任印制:朱曼丽

出版发行	西南财经大学出版社(四川省成都市光华村街 55 号)
网 址	http://cbs.swufe.edu.cn
电子邮件	bookcj@swufe.edu.cn
邮政编码	610074
电 话	028-87353785
照 排	四川胜翔数码印务设计有限公司
印 刷	四川新财印务有限公司
成品尺寸	148mm×210mm
印 张	6.25
字 数	134 千字
版 次	2023 年 8 月第 1 版
印 次	2023 年 8 月第 1 次印刷
书 号	ISBN 978-7-5504-5900-7
定 价	45.00 元

本书为2022年国家社科基金青年项目“易地扶贫搬迁社区治理共同体构建的现实困境与实现路径研究”（项目编号：22CSH064）、四川省2021—2023年高等教育人才培养质量和教学改革项目“新文科视域下能力为本的实践型社会工作专业硕士培养机制探索”（项目编号：JG2021-370）、西南财经大学2021年度“专业学位研究生案例教学示范课程”建设项目“民族、文化与社会工作”（项目编号：ALKC2021008）、西南财经大学2023年教师教学发展项目“田野式教学的实践与省思”的阶段性成果。

自序

从 2020 年 9 月到西南财经大学入职至今，已接近三个完整的学年。从全身心投入每五年一次的学科评估工作，到申请新开课程、用心上好课；从绞尽脑汁地申请各类研究课题，到走进山区、走进农村开展社区治理服务；从指导学生参加各类比赛，到指导学生顺利完成毕业论文；从认真做好研究生班主任，到迎接挑战担任教工党支部书记；从单纯做一名大学老师，到借调民政厅协助工作……这三年，我感觉过得特别快，也特别充实。在学校工作的日子里，我经常在食堂吃完晚饭后，独自一人绕着校园走上三四十分钟，之后再回到办公室继续工作。在环绕绿意盎然的校园漫步时，宽阔敞亮的操场映入眼帘，到处都是充满活力的青春笑颜，大学教师的幸福感在彼时油然而生。而作为一名社会工作专业的教师，更是有一种特别奇妙的感觉。

2009年8月，我正式开启社会工作专业本科阶段的学习，时至今日，已与社会工作相伴近十四年。我一步步走来，像游戏里的“升级打怪”，在学业晋升的道路上，顺利拿到了本科学位、硕士学位和博士学位；在职业资格考试中，一路斩获/通过了社会工作职业资格初级、中级、高级（理论）考试，拿到了证书。曾经，我每年暑假都会到农村参加社区服务行动，也曾在城市里创办社会工作机构。但那时的我，还不能向他人清楚解释什么是社会工作。如今，我却常被他人视为“具有社会工作特质”的人。我想，社会工作专业的知识和技巧，尤其是价值理念，已经融入我的工作和生活世界，并深刻影响着我的行为。社会工作，是一种日常生活的实践。社会工作教育者之于学生，如同实务工作者之于案主，需以自身为工具，在多元的情境中彼此影响。我是这样认为的，也是这样去做的。

本书记述了我作为一名社会工作专业的青年教师和学生们在教育场域的“学、思、行”。全书共分为三大篇。第一篇是“启程的社工之‘学’篇”。该篇章首先从教师的维度，讲述了我作为青年教师对专业教学的理解、实施课程思政建设的经验、开展田野式教学的省思等。该篇亦从学生的维度，分享了他们对硕士毕业论文撰写的观点。第二篇是“启程的社工之‘思’篇”。该篇主要通过与学生对话的形式，分享教师自己的经历与体会，展现对社会工作专业的认知和理解，积极回应学生的现实需求。第三篇是“启程的社工之‘行’篇”。该篇主要讲述师生一起在四川省凉山彝族自治州、阿坝藏族羌族自治州开展具有本土特色的社会工作专业实践之概况，并分享学生们的收获与成长。

本书要分享的是学习、思考和服务行动，而非进行理论化的学术讨论。因此，在写作风格上，本书采用了相对轻松且自由的文风，尽力突出细节，希望能提升文章的可读性，增加与读者交流的可能性。实际上，于我和学生们而言，大家都是“启程的社工”，才刚刚迈入社工的道路，都在社工世界里辛勤地耕耘着。正因如此，本书难免存在诸多不够成熟、不够体系化的地方，还请各位专家、社工伙伴、有缘的朋友多提宝贵的意见。我的邮箱是“liqc@ swufe.edu.cn”，我将用心回复每一封邮件。感谢你们！最后，希望这个世界越来越好，社会工作的发展越来越好！

李权财

2023 年 5 月

于西南财经大学通博楼

目录

启程的社工之“学”篇 /001

社工“青椒”对教学的思考 …………………… 李权财/003

社会工作田野式教学的实践与思考…………… 李权财/010

课程思政如何建设？ ………………………………… 李权财/023

社会工作专业硕士实习：怎么看？怎么干？ …… 李权财/033

如何写好硕士毕业论文？（一） ………………… 罗炳尧/041

如何写好硕士毕业论文？（二） …………………… 骆薇/045

启程的社工之“思”篇 /051

既要选好合适的导师，更要自己努力地拼搏

…………………………………………………… 李权财/053

无论是在校内还是校外，不妨多走走看看…… 李权财/057

分享亦是成长和收获的重要来源……………… 李权财/062

拥抱不确定的未来，全力奋斗在当下………… 李权财/066

什么是“社工三缺一”？ ………………………… 李权财/070

在艰难的探索旅途中，寻找属于自己的道路………………

…………………………………………………… 李权财/074

作为班主任，我来向大家交期中作业了……… 李权财/080

如果毕业了不做社工，所学的专业知识还有什么用？

…………………………………………………… 李权财/86

我们把研究做完了，但是我们的研究对象有在变好吗？

…………………………………………………… 李权财/90

谁不向往美好生活呢？ ………………………… 李权财/93

我们天天都在讲文化，可文化究竟在哪里？ … 李权财/98

年底遇上期末，忙碌中如何保持干劲？……… 李权财/106

寒假到来了，我们可以做点啥？……………… 李权财/109

启程的社工之“行”篇 /114

彝路相伴，如何相伴？…………………………… 李权财/116

美丽“小江南”，幸福“新金川” …… 刘巧 李权财/130

“彝欣”向荣，“易”路生花！ ……… 侯凯悦 李权财/137

居民的笑容是最好的礼物！………………… 陈煜雯/143

凉山服务中我的所见与感悟（一） ………… 王思琪/151

凉山服务中我的所见与感悟（二） ………… 龙雨佳/158

凉山服务中我的所见与感悟（三） ………… 杨婷/164

园中学社工，成于实践中………………… 陈煜雯/169

去老师家里做客………………………… 程龙龙/179

后记 ……………………………………… /186

启程的社工之“学”篇

本篇首先从教师的维度，讲述了我作为青年教师对专业教学的理解、实施课程思政建设的经验、开展田野式教学的省思、对社会工作专业实习的认识等。本篇亦从学生的维度分享了他们对硕士毕业论文撰写的观点。

社工“青椒”对教学的思考

李权财

在学生时代，我是一个喜欢听课、喜欢与老师交流的人。在本硕阶段，对于绝大多数的课程，我都会提前 10 分钟左右到达教室，经常是第一个到教室的学生。自然而然地，我拥有了自己的固定座位——第一排中间靠过道的座位。我在台湾东海大学攻读博士学位期间，除了在博一修完毕业所需的课程学分之外，博二到博四我还根据自己的兴趣爱好，旁听了不少课程。其中，从博一到博四，“社会工作管理”这门课程我足足听了四次。博一时第一次听，是王笃强教授在讲授；博二时第二次听，是彭怀真教授在讲授；博三时第三次听，还是彭怀真教授在讲授，但这时他已成为学校图书馆的馆长；博四时第四次听，仍旧是彭怀真教授在讲授，此时他已经担任台湾省台中市政府社会局的局长。虽是同一门课程，但每年的授课内容皆有不小的差异，我也都有新的收获和成长，对“社会工作管理”的理解也更加深入。

从学生时代一路走来，我遇到了很多有趣的老师，他们在教学方面投入了大量的时间和精力，深受大家的欢迎。我在心中一直将他们视为榜样，希望能够多向他们学习。在我本科阶段的汪春劼老师，每次上课都特别认真，用心准备了一页又一页的资料，也很擅长引导大家做深入的思考。汪老师的选修课可谓一“位”难求，教室里总是坐满了人，连过道都经常站满了听课的学生。而荀峥老师，似乎是天生的演说家，一站上讲台就滔滔不绝。在三节课的时间里，他从不休息，也不怎么喝水，讲课从头到尾，一气呵成。每次听他的课我都觉得是一种享受，也经常感叹怎么这么快就要下课了。在攻读博士期间，我遇到了很多以学生为中心、热忱投入教学工作的老师们。例如，彭怀真老师口才极佳、视野广阔，其课程的信息量极大。他还是位不折不扣的劳模。而王笃强老师尤擅思辨，讲课非常富有哲理性。他经常在课上说，“我要少讲一点了，同学们要多分享点”，但每次又都忍不住“多讲”。德高望重的高老师已经 70 多岁了，但依然坚持每学期都给硕士生、博士生上课，并且每年的课都不重复，一直在开新课。他的课，总是有一群又一群的学生去旁听。

如今，作为社会工作专业的老师，我也会不时地问自己：对于教学工作，自己是否愿意全心全意地投入，是否真正乐在其中？我很期待自己的每一次上课，我总是怀着愉快的心情走进教室，也希望同学们能收获满满地走出教室。正是基于对教学的热爱，2021—2022 学年第二学期、2022—2023 学年第一学期，尽管我被借调到四川省民政厅工作，可以按照相关规定减免课时，但这两个学期我也都主动给自己安排了教学任务。我希望自己能够保持教学的状态和热情，能够和同学们一起教学相长。

客观来说，今天的大学老师要讲好课，越来越不容易了。从老师自身的角度而言，大学老师除了教学之外，尚有沉重的科研压力。社会工作专业的老师更是承担着若干的社会服务工作，这使他们不得不精心规划自己的时间，甚至有些时候不得不挤占用于准备教学的时间。从学生的角度来说，他们身处资讯发达的网络社会，要在网上找到相关的课程内容是相当容易的事情。那么学生为什么还要听老师在课堂上讲，而不自己在网上学呢？这是很现实的问题。老师如果想要紧紧地抓住学生们的心，守好自己的课堂，就需要有更多的投入、更精心的准备、更恰当的方法。从大学的管理考核制度角度而言，老师们面临着教学评分的考核压力，并且教评的成绩是与职称评定密切关联的。作为一名社会工作专业的“青椒”，在怎么上好课这件事情上，我自己也是在探索中成长，希望能够站好三尺讲台，守好自己的课堂，不负自己的教师之名。

自 2020 年 9 月入职西南财经大学以来，我给社会工作专业硕士生们上过“民族、文化与社会工作”“农村社会工作与乡村振兴”“志愿服务”“社会工作行政”等课程。在此过程中，我也尝试做了些教学改革方面的探索工作。2021 年 12 月，“民族、文化与社会工作”课程被评为西南财经大学 2021 年度“专业学位研究生案例教学示范课程”建设项目；2022 年 8 月，我申请的“新文科视域下能力为本的实践型社会工作专业硕士培养机制探索”项目，被评为“四川省 2021—2023 年高等教育人才培养质量和教学改革项目”；2023 年 1 月，“民族、文化与社会工作”课程被认定为西南财经大学 2022 年研究生课程思政示范课程，并获得学校课程思政优秀教学案例评选活动的二等奖。此外，我也对田野式教学进行了实践和思考。其中，我有以下几点的体会。

第一，师生都要适当放松，让课堂活跃起来。社会工作专业的硕士生，经过本科四年的系统学习，再加上考研过程中的精细化备考，大多已经掌握了社会工作学科的基础性知识。他们在研究生阶段，既需要建构体系化的学科思维，也要切实提升自己解决现实问题的能力。其中，既有知识层面的，也有技巧层面的，更有价值层面的。目标的达成，需要同学们的深度参与。师生都要适当放松，要努力创造愉快、友好、包容、互助的课堂文化，让课堂真正活跃起来。如此，老师会更加地投入，输出更多知识；而同学们则会放下自己“内心的包袱”“心理的戒备”，自然地分享自己的观点，提出自己的相关疑问。在我的课堂上，我会花较多时间分享自己的成长背景和经历，让大家了解、熟悉我，也知晓我分享之内容背后的脉络是什么。我也会尽可能记住每一个同学的名字，了解他们的背景，以便在课堂上有效互动。我也注意采用一些有效的方法，让大家都放松和活跃起来。例如，对于有些课程，我会结合当节课的授课内容，给大家唱一首与课程相关的歌曲。有的时候我则会让同学们来唱，并让大家解释其与课程内容的关联。尽管我们的嗓音可能都不怎么样，但这对于营造友好、轻松、活泼的课堂气氛，调动大家参与的积极性，还是有不少益处的。以至于不少时候同学们都会主动申请下次课由他们来唱。

第二，由同学来教同学，也会有不错的教学效果。在我的课堂上，一些适当的时候，我会采取“同学教同学”的模式。只要把握得当，这样的模式往往会有很好的效果。在每年“民族、文化与社会工作”课程的第一次课上，我都会邀请两位上一学年修过这门课程，并且课程论文写得很有特点的同学来分享他们的论文。这样安排的目的是：一方面会增加修课同学对课程的兴趣；另一方面，这样的形式，也是对修课同学的一种激励。因为他们知道，自己的课程论文若是也能写好，将来也会有机会分享给下一届的同学。除此之外，在一些关键的教学任务上，我也会采用“同学教同学”的模式。例如，2022 年 5 月 23 日，我邀请了五位即将毕业的研二同学现身说法，面向研一的同学们做“怎么写毕业论文：我们有话要说”的专题报告。如果老师们自己讲，同学们有时候就会觉得遥远，觉得你是老师，你的要求自然高。而由即将毕业的研二同学来讲，研一的同学们会觉得更真实、更贴近他们。此外，同学们自己分享的内容，往往更接地气，更具有借鉴意义。当然，在这个过程中，老师需要做整体的把关和适当的补充，而非完全“放任”。

第三，适当采用案例教学方法，有助提升课程质量。一般而言，案例教学可以呈现真实的事件，为同学们提供实操演练的机会，有助于激发同学们的学习积极性，也有利于增强同学们解决实际问题的能力。2022 年 9 月 23 日，中国社会工作教育协会组织了“社会工作案例教学培训工作坊暨社会工作专业学位研究生教育高质量发展交流研讨会”。在该研讨会上，南卡罗来纳大学案例教学中心主任特里・沃尔弗（Terry Wolfer）教授围绕社会工作案例教学做了主题培训，受到中国社会工作教育界的广泛关注。2021 年，西南财经大学开始了“专业学位研究生案例教学示范课程”建设项目。经过申请，我讲授的“民族、文化与社会工作”课程成为全校最终入选的九门课程之一。该门课程以议题为导向，重点探讨社会工作参与少数民族地区的扶贫行动、乡村振兴、灾后重建、禁毒防艾、乡村教育、社区治理等议题，并关注城市民族社会工作的发展路径。该课程的教学全面贯彻案例教学的方法，在每一个议题之下，皆有相对应的教学案例。这些案例既有师生通过实地观察、访谈，以及透过行动研究得到的第一手材料，也有引进的已获评国家级、省级优秀社会工作服务案例的案例，还有改编自发表在各类权威期刊的典型案例。后续，该门课程还将积极促进师生共同参与案例实践，并及时更新补充最新的案例成果，以期探索出更多有生命力的、符合实情的、具有典型意义的教学案例。

第四，推进能力为本的实践型社会工作专业硕士培养机制探索。目前社会工作专业硕士的培养，还存在多方面的问题。首先，培养目标缺乏操作性。社会工作强调实践能力，但学界对“实践能力”的相关研究还不足，如实践能力包括哪些方面、应该如何建构等，还没有完全厘清。这导致培养过程缺乏针对性，也难以操作。其次，培养方式刻板守旧。一定程度上，专业硕士的授课方式与学术硕士相差不大，“重学术，轻应用”的情况依旧存在。“情景式教学”“参与式教学”“案例式教学”这些适合应用型专业硕士的培养方法还比较缺乏。最后，培养机制不健全，特别是实习机制不健全。实习是将理论应用到实践的过程，也是在实践中发展能力的过程，是专业硕士重要的培养环节。然而，由于实习条件有限、实习机制建设缺乏经验、学生的主观能动性不足等，实习在一定程度停留于形式上。课堂学习与专业实习未能有效衔接，导致实习无法充分发挥对能力培养的积极作用。在这样的培养现状下，尤其需要积极推进以能力为本的实践型社会工作专业硕士培养机制探索，以便更好地提升培养的质量。

社会工作田野式教学的实践与思考

李权财

一、田野式教学的缘起

社会工作专业是以实践为本的专业，提升学生的实践能力，是专业教学工作的重要目标之一。然而，我们时常容易陷入“在课堂里想象实践”“在课堂里论实践”“从应然层面看实践”的情境中，一直没有真正让学生深入实践，以致于学生发出“社会工作专业硕士究竟与学术硕士有什么区别?”“为什么我们的论文要求和学术硕士差不多，为什么我们的上课形式也和学术硕士一样?”“为什么我们除了上课还是上课?”等诸多疑问。2021—2022 学年，我担任了西南财经大学 2021 级社会工作专业硕士班的班主任，也承担了三门课程的教学任务。第一学期，我在每堂课结束后随机邀请两三位同学一起交流，半学期的时间就实现了全班 40 位同学全覆盖。第二学期，我则以宿舍为单位，每次邀请 3 位同学一起喝咖啡，持续与他们深入交流，用了不到两个月的时间又实现全员全覆盖。我会向每一位同学提问：对研究生生活有什么期待？对教学安排有什么建议？有什么是需要老师去完善的？绝大多数的同学都希望：能有真正的实践教学，让大家有切身的参与感，能有机会进入真实的田野环境中，而非一直在教室里“纸上谈兵”。作为他们的班主任和授课老师，我带着他们的反馈意见，也带着自己的教学愿景，开始了师生一起参与的田野式教学实践探索。

二、田野式教学的实施过程

第一，从课堂到社工机构——田野式教学的初探索。

从理论教学转到实践教学，如何让学生真正参与进来、行动起来，是非常关键的。一旦没有切实的参与、真实的行动，那么“实践教学”将演变成另一种形式的“理论教学”。于是，如何抓住机会创造真实的实践田野，让社会工作专业硕士生真正动起来，成为我在教学工作中尝试解决的问题。2021—2022学年的第一学期，我承担了社会工作专业硕士“民族、文化与社会工作”课程的授课任务。2021 年 11 月，我接到都江堰市社会工作协会的邀请，帮助督导在都江堰市执行的一个城市民族社会工作服务项目。我顿感这是一个不错的实践契机，可以借此机会开展田野式教学。于是，我把此督导项目有效融入课程教学，邀请感兴趣的同学们一起参与。

该项督导行动分为三个阶段。第一阶段，因为疫情在线上进行。同学们主要负责在线上学习，了解社会工作机构发展的现状，学习如何与机构沟通，学习如何回应机构的现实难题。第二阶段，我邀请同学们一起前往都江堰市开展协同督导。行前，根据课程的教学安排、机构的现实需要、同学们的个人特质，我给数名同学分配了他们需要在现场报告的主题，请他们提前做好准备，并在准备好后先与我进行讨论，再完善。到了督导现场，都江堰市社会工作协会及社会工作机构的负责人先后对大家感兴趣的问题做了全面的解答。紧接着，同学们依次分享了自己精心准备的报告内容，并积极回应现场人员的提问。我则作为专业老师视现场情况灵活应变，及时补充和回应，兼顾各方需要。如此，同学们第一次作为真正的参与者，成为一名“讲师”，成为“协同督导者”，这让他们印象深刻，有了特别的参与感。

“作为社工专业的学生，我们通过书本知识与老师授课，不断学习，因此具备了一定的理论基础。但今天，一线社工表示有一些面谈沟通问题出现处理不顺畅的情况，而在我们看来，这些问题是书本中的一些基础性问题，这引发了我的进一步思考。理论终究是理论，它虽有助于指导实践，且符合人的思维路径，但它不能代替实践。”（来自同学A）

“我虽然是社会工作专业的学生，但相应的实践经验比较少，机构的工作人员让我们提意见的时候，我还有些胆怯，生怕会说出不合时宜、不专业的话。但是在我表达出自己的观点之后，工作人员态度友好，我非常感激他们的鼓励。以后我也会好好努力，向老师和一线社工学习，争取提供更有意义的建议。”（来自同学B）

第三阶段则继续转到线上。师生一起协作，从督导单个项目转变为督导机构，聚焦机构的品牌建设、长远发展，持续为机构出谋划策。总体而言，该项督导行动受到机构的肯定，认为我们解答了其在发展方面的不少疑惑，也带去了一些新理念、新方法。同时，我们也获得督导服务购买方都江堰市社会工作协会的积极评价，认为我们团队充分调动了各方资源和力量，一直在用心投入，效果明显。而我则更看重初步的田野式教学后带给同学们的收获和成长，并希望能持续激励他们前进。为此，在该项督导行动结束之时，我特意让都江堰市社会工作协会给大家印制了结项证明，并在督导团队成员名单中加上了每一位参与同学的名字。

第二，从课堂到涉藏地区——田野式教学的再出发。

社会工作专业的学生们，往往有一个认识方面的误区：一旦提到有关社会工作的工作单位，他们就只看到社会工作机构，而忽视了社会工作是一个庞大的“多元共同体”。他们没有看到政府相关单位、广大的城乡社区、中小学校等，皆是社会工作的重要工作场域。他们需要建构一个更成体系的专业认知框架，需要在更广的范围中去认识社会工作。因此，我想带着大家去到一个完整的地域单元里去实践，到那里开展田野教学将是不错的选择。幸运的是，这样的机会很快便来了。

鉴于我们社会工作专业师生过往在服务乡村振兴方面的积极成效和示范效应，2022 年 2 月，新学期开学后，我受到学校乡村振兴办公室负责人的邀请，开发新的乡村振兴服务项目。学校希望我们结合对口帮扶的四川省阿坝藏族羌族自治州金川县的现实需要，充分发挥社会工作的专业优势，开展一些创新性的帮扶工作。为此，学校承诺将给予全额的经费保障支持。于是，在学校乡村振兴办公室、学院领导的全力支持下，我和社会工作专业硕士生们又一起行动了起来。我们经过一次又一次的讨论和筹备，拟订了"财金缘"阿坝州金川县农村社区服务型治理创新试验项目的实施方案。在整个讨论和筹备的过程中，我安排同学们轮流主持和记录。每次会议都既有正式版的记录，也有涵盖更多信息量、更有趣味性的非正式记录供大家参考。经过充分准备，我们师生一行 9 人于 2022 年 3 月中旬，去往阿坝州开展了为期数天的乡村振兴帮扶暨田野式教学行动。

该次田野式教学行动的第一日，我们与阿坝州民政局、阿坝州社会工作协会合作，在阿坝州社会组织孵化园开展面向全州社会工作机构的培训与交流活动。在我们两位老师开展主题培训后，三位事前经过系统准备的同学，也各自用10分钟的时间分享了自己的主题内容。于他们而言，这是一个莫大的挑战。作为研一的硕士生，他们要在那么多领导、那么多社工机构负责人面前做分享，不是一件容易的事情。好在有了老师事前的充分鼓励，以及遇到状况老师可以及时救场的“承诺”，同学们都比较顺利地完成分享。分享过后，我们又一起参加关于阿坝州社会工作发展的茶话会，同学们积极参与并提出不少问题。晚餐时，阿坝州民政局的领导还特别鼓励同学们：“年轻人就要多出来走走。多历练历练，会越来越好。”阿坝州社会工作协会的会长也非常用心，她友善地拉着几位同学，对他们的分享一一进行点评，并给予了鼓励。包括哪些地方讲得很好、很有特色，哪些地方还可以做得更好，哪些地方可以进一步补充等。一天下来，同学们一下子见到那么多社会工作行业的同仁——政府的、机构的、协会的、孵化园的，既增长了见识、拓宽了视野，又提升了自信心，这在课堂教学里是很难实现的。

往后几天，团队在学校派驻的驻村干部之协助下，先后走进村庄、乡政府、小学开展各类社会工作服务。每到一地，同学们都有自己的服务任务，诸如办社区活动、做小组工作等，他们都是服务的主力。例如，在阿坝州金川县安宁镇炭厂沟村开展的“美丽炭厂沟，我们的美丽家乡”主题活动，完全由同学们自主策划和实施，吸引了村民、村社干部、驻村干部的深入参与。该活动充分考验了同学们的应变能力，加深了他们对基层农村工作的理解，也拓展了他们对社会工作作用空间的认识。再比如，在金川县独松乡中心校开展小组工作时，当看到富有情怀的校长、一群群可爱的小朋友、一条条洁白的哈达，听到一首首富有情蕴的舞曲时，大家都感动不已，也真切地感受到学校社会工作的重要价值。每到晚上的空闲时间，大家会围坐在一起，在愉快的氛围中分享感受和收获。而老师们和几位驻村干部，则会轮流对同学们的分享进行反馈和点评。从阿坝州回到学校后，我又及时组织大家对整个服务行动进行总结和反思，以此让大家有更多的思考和持续的进步，也能针对服务过程中存在的问题提出更多有效的应对之策。

“这一程，遇到了敢想敢做且有情怀的社工前辈、贫苦但热情不减的当地村民、年轻有活力的驻村干部、辛勤奉献的学校校长、阳光又有志向的祖国花朵。另外，也从各级工作人员的叙述中慨叹基层人员参与社会治理的艰辛。有见闻、有喜忧、有思想，所以有所成长！”（来自同学 C）

“出行前，我以为当地人不会参与我们的活动，不愿意配合。实际上，去了以后，我发现当地人很淳朴，对村上的事情很积极，十分愿意参加我们的活动。通过此次出行，我有了一定的共情能力，加深了对社会工作的理解，以前可能不想从事社工这一行业，但是经过这一次，我觉得是非常有可能的。”（来自同学 D）

第三，从课堂到搬迁社区——田野式教学的稳步推进。

经过前两次尝试，2022 年 6 月，我们师生前往凉山彝族自治州开展田野式教学实践。相较前两次尝试，这次是更为深入的田野式教学实践。第一，实践活动持续的时间更长，从 6 月 20 日延续到 7 月 25 日；第二，师生一起，每天面对真实的服务场景，解决现实的服务难题，回应同学们的现实疑惑；第三，同学们拥有了更多自主权，可以有效实践自己的想法；第四，我们有了更加多元的支持力量，学校各部门、四川省民政厅、凉山州人民政府、社会工作机构、乡镇社工站、社区志愿者、社区居民等都是我们的支持力量，我们能做的事情变得更多了。

此次服务行动，旨在持续推进我们承担的“彝路相伴”凉山州大型易地扶贫搬迁社区治理项目。该项目已获“教育部直属高校服务乡村振兴创新试验培育项目”“四川省首届高校志愿服务项目大赛金奖”“四川省第九届优秀志愿服务项目”等荣誉。此次继续推进这个项目，我花了更多的精力和时间培养社会工作专业的硕士生，充分把服务与教学工作结合起来，持续地开展田野式教学。行动一开始，我就要求同学们明确自己要培养哪些方面的能力、要努力克服哪些障碍、要达成些什么样的目标，并将其写在特定的信封里供老师参考，以便老师在服务过程中做针对性的安排和回应。

第一阶段是从2022年6月20日到7月2日。13天的时间里，团队走遍喜德、德昌、木里、盐源、布拖、昭觉、美姑、雷波8个县，进行了一次深度的大凉山行。每天大家进社区、学校、政府单位，完成各项既定的服务工作。大家感受沿路自然风景和人文风情，一起创造温暖、和谐、具有创造力的团队文化。对同学们来说，因为这段时间主要走的是“政府路线”和“自上而下的路线”，每天和各县的县委办主任、政府办主任、局长、乡镇书记/镇长、校长、社区书记等接触、交流、学习，因此是一次特别之旅。例如某天傍晚，同学们一次性就见到了同一个乡镇的党委政府、学校、医院、派出所、信用社、社区等单位的负责人。该阶段的田野教学目标重在让大家理解中国社会工作发展的特性，学习如何调动各方资源、如何提升自己的生存适应能力和田野工作能力、如何理解党和政府的易地扶贫搬迁政策之成效等。此阶段结束后，同学们要及时完成个人及团队的半程总结工作。他们需要总结自己在多大程度上实现了既定的目标，分享对凉山州的新认识，以及对团队后续工作的建议等。

第二阶段是从7月3日到7月25日。这一阶段，大家主要是驻扎在凉山州美姑县最大的两个易地扶贫搬迁安置社区，开展社区治理服务。师生们都租住在搬迁群众的安置房里，成为新的“搬迁社区居民”。大家在“以社区为基础”的服务理念的导引下，面向各类人群持续开展社区治理服务。该段时间的田野教学重点则是：如何更好地融入社区、如何提升文化能力、如何回应民众的现实需求、如何提升团队的协作力、如何提升自己的综合素养等。实际上，在教学的过程中，师生之间是彼此互助的，也是互相学习的，并非只有老师的单一输出。在这个阶段，同学轮流担任“组长”，负责当天的组织、联络、协调、统筹工作。第二阶段结束后，同学也要对工作进行总结。大家写了一篇又一篇的总结报告，不少同学的个人总结的字数都超过了万字。同学们普遍反馈，虽然只有短短的几十天，但真切地感受到了服务对象的积极变化，看到了社会工作发挥的成效；同时，自己也在多方面有了显著的成长。

三、田野式教学的特征和优势

通过持续的实践体验，我们体会到相较常规的课堂式教学，田野式教学具有显著的特征和优势。这些特征和优势集中表现在以下四个方面。

第一，田野式教学是一种社会性教学。课堂的教学环境是单纯的，只有老师和学生参与其中，知识存在于课本中，或老师的口头讲述中。但是田野式教学则不是这样，师生是处在多元的、复杂的、动态的社会之中的。在田野式教学中，除了老师和学生，还有真实的服务对象、真实的合作方（包括给我们资源的一方），以及其他协助我们的人（包括志愿者等）。所以，田野式教学是一种全面的社会性教学，是一个与真实的社会进行持续互动的过程。

第二，田野式教学是一种情境性教学。在田野式教学的过程中，大家会遇到一些之前可能无法预设的情境，这些情境会真实、立体、完整地呈现出来。但在课堂教学中，老师没有办法把情境假设得那么真实、立体和完整。此外，在田野式教学中，老师在处理和解决问题时用到的技巧、策略、默会知识、实务智慧，都会真实地展示在学生面前。学生不仅可以学习老师是怎么处理问题的，也可以自己尝试处理，在处理过程中可以向老师请教，也可以同学间相互请教。

第三，田野式教学是一种发掘性教学。田野式教学可以更好地发掘学生的价值、情感。学生不是在读故事，不是去假设，而是直接参与。面对眼前脆弱的、需要协助和关怀的服务对象，学生更有可能感同身受，不断激发自己内心“善”的东西，进而与服务对象接触、沟通，尝试协助他们解决问题。这更有助于培养学生的专业价值、情感，以及社会关怀意识和道德情操。田野式教学也更容易发掘学生的优势和潜能。例如，我们发现有的学生在面对小朋友时是那么的自然、那么的接地气，解决问题的办法是那样的多，这可能是学生自己都不曾发现的。

第四，田野式教学是一种行动性教学。田野式教学已经不是单纯的教学工作了，它本身就肩负着提供服务的使命。它需要把老师和同学们的力量有机整合起来，要求师生根据现实的情况运用专业知识、技巧去开展服务工作，去努力增进服务对象的福祉。老师不再是单纯的教学者，学生也不再是单纯的学生，他们都是服务者。田野式教学与行动研究有些类似，都不只是在做研究，而是真正地去做改变，去积极为服务对象谋福利，这与社会工作专业的特质和使命高度吻合。

四、田野式教学的操作重点

田野式教学的作用与效果之发挥，有赖于对一系列操作重点的把握和贯彻落实，否则田野式教学就容易演变为一种机械的、无实质意义的形式。那要如何操作呢?

第一，事前的精心谋划与准备是田野式教学的基础。田野式教学，并不意味着简单地把学生带进田野之中。在教学正式开展之前，要充分了解课程的性质、专业的培养目标、同学们的个人特质，厘清田野式教学的核心目标、主要做法、具体场景、多维成效，做好事前的谋划与各项准备工作，形成体系化、操作化的教学思路。这样才能真正发挥田野式教学的优势。

第二，田野式教学更加需要老师的积极参与和投入。今天的大学老师肩负着多重任务，诸如教学、科研、社会服务、国际交往、文化传承等。而田野式教学是一项复杂的工作，需要老师投入更多的时间和精力，也需要保持高度的热情。但这项工作是非常有意义，也是非常值得的，毕竟身为老师，还有什么是比看到学生在持续成长和进步，更令人高兴和满足的呢！

第三，田野式教学需要做好各方资源的有效整合。开展田野式教学，需要适当的契机、适当的服务场域，以及更多的资源。老师要积极寻找这些资源，并将其有效整合起来。比如，社会工作专业的老师，可以把教学工作融入高校的乡村振兴帮扶工作，从中获取多层面的资源。当前，各个学校都有自己的乡村振兴对口帮扶地区，不妨融入其中，实现互助效应。老师也要“勇于下水”，要从纯粹的理论研究者，转变成积极的实务参与者，并有效运用实务界的各项资源。

第四，田野式教学要真正贯彻以学生为中心的教学理念，充分赋权学生。田野式教学既不能只有严格控制，也不能放任不管，而是要因人而异、因事而异，积极鼓励学生勇于投入、勇于尝试，同时要赋予学生一定的试错空间。当然，在整个过程中，老师要做好整体的把关工作，尽可能地规避各种可能出现的风险，如安全问题等。

课程思政如何建设？

以“民族、文化与社会工作”课程为例

李权财

一、课程基本情况

课程名称：民族、文化与社会工作。

课程类型：专业选修课。

课程层次：专业硕士。

建设结果：西南财经大学 2022 年研究生课程思政示范课程。

二、课程思政建设总体设计情况

本课程教学定位明确，具有鲜明的专业特色，服务国家战略，回应社会需求。课程的培养目标是，用习近平新时代中国特色社会主义思想铸魂育人，不忘“立德树人”初心，牢记“为党育人、为国育才”使命，深入推进“三全育人”综合改

革和“五育融合”育人机制，着力塑造“大气为人、大智谋事、大爱行天下”的西财青年品格，培养德智体美劳全面发展的高层次应用型社会工作专业人才。本课程特别注重课程思政元素的有效融入，在教学目标、教学内容、教学方式、教学特色、人才培养等方面“无缝衔接”思政元素，实现知识传授、能力培养与价值引领的有机统一。要发挥好本课程的育人作用，“守好一道渠、种好责任田”。

第一，在价值塑造层面的目标融入：贯彻落实“推进国家治理体系和治理能力现代化”“巩固拓展脱贫攻坚成果同乡村振兴有效衔接”“铸牢中华民族共同体意识”“共同富裕”等国家战略，引导学生把个人的发展与国家战略深度结合，为实现第二个百年奋斗目标而努力奋斗。有效融入社会工作的专业价值理念，增进学生对文化多元性和文化共融原则的理解，着力培养有灵魂、有担当的新时代大学生。

第二，在知识层面的目标融入：使学生系统掌握民族社会工作的研究对象、研究方法、基础理论、核心内涵、价值体系、服务领域，并对其他多元文化群体有更多的认知和理解，能够运用所学理论与方法来分析相关的实践问题。在此基础上，使学生认识中国特色社会工作的对象和方法；认识和理解党和政府的民族政策、社会治理政策；充分感受在乡村振兴、健康中国等战略的引领下，少数民族地区所取得的重大发展成果，从而增强国家认同感和自豪感。

第三，在能力层面的目标融入：透过本课程的学习，使学生增强阅读文献、问题剖析、实务操作等方面的能力，进而大力提升在民族社会工作、多元文化社会工作领域的应用能力。在此基础上，提升学生的责任担当意识、社会关怀意识，为肩负新时代的历史使命奠定坚实的能力基础。

三、课程思政教学实践情况

本课程充分考量课程本身的特质、学生现有的水平、老师所能运用的资源、期待能达到的效果，从教育资源的挖掘、教学方法的多元化、教学模式的创新等方面，深入开展课程思政教学的实践。

第一，全面深入挖掘课程思政教育资源。本课程深入贯彻落实习近平总书记关于教育的重要论述和全国教育大会精神，按照《高等学校课程思政建设指导纲要》《习近平新时代中国特色社会主义思想进课程教材指南》《“党的领导”相关内容进大中小学课程教材指南》等文件精神的要求，深入挖掘课程思政教育资源。根据教学目标，本课程围绕社会工作参与少数民族地区的扶贫行动、乡村振兴、灾害重建、禁毒防艾、社区治理等主题，以议题为导向，深入挖掘课程思政资源，形成了内容比较健全、结构比较合理、学生容易理解的思政教育资源库。

第二，教学方法多元化，教学效果日益彰显。本课程结合社会工作的学科特色与研究生的学习特点，围绕课程思政的目标，采用文献阅读、案例讨论、老师讲授、实践教学等多元化的方式进行教学。授课老师秉承幽默风趣的风格，把理论与实务有效融合，注重营造友好、愉快、活泼的课堂气氛，充分调动学生的参与积极性，全力提升教学效果。例如，在教学中，老师根据教学目标的需要，不定期地邀请优秀的驻村第一书记、社区书记、乡镇干部、“最美社会工作者”等典型人物进课堂现身说法，充分发挥榜样的示范引领作用，教学效果凸显。

第三，创新“实践育人+思政育人”教育模式。本课程把实践育人与思政育人相结合，把相对抽象的思政目标落实在一次次的实践行动中，使课程思政的建设有更多的着力点。“实践育人+思政育人”的教育模式，能够引导学生在实践中更好地理解中国的国情、党情、政情，理解中国特色、中国制度、中国文化，不断提升对国家的认同感和归属感。

四、课程评价与成效

本课程建立了完善的考核评价机制，考核的内容除了具体的知识点外，也有文化、价值、能力、信念等方面的内容，能够全方位体现课程思政的目标。本课程的考核评价涉及平时的出勤情况与课堂表现、期中作业、期末作业完成情况，以及实践教学等环节，机制建设完善。

第一，同行评价。历次教学评分皆显示，校内同行对课程的评价较高，认为教学成效较好，值得借鉴。在校外同行中，本课程也产生了积极的影响。课程负责人受邀在2022年全国社会工作专业学位研究生教育指导委员会与各MSW教育中心主任联席会上做专题报告，也先后受邀在中国社会工作教育协会西南片区年会、中国社会工作教育协会民族社会工作专委会年会上做主旨报告。课程负责人根据教学过程撰写的以田野式教学为主题的文章，刊登在中国社会工作教育协会官方网站和公众号上，此外亦有以专业实习为主题的教学文章，皆得到积极评价。

第二，学生评价。本课程自开设以来就受到学生的普遍欢迎，已成为所在学位点最受喜爱的课程之一，以及最近两个学年的热门课程。学生认为本课程内容充实，老师授课有趣，传递了正能量，提升了自己的社会关怀意识与责任意识。

第三，改革成效。依托于本课程，课程负责人主持了四川省2021—2023年高等教育人才培养质量和教学改革项目“新文科视域下能力为本的实践型社会工作专业硕士培养机制探索”；

指导学生获得“第六届中国青年志愿服务项目大赛全国金奖”“四川省首届高校志愿服务项目大赛金奖”“四川省第九届优秀志愿服务项目”“全国首届民族社会工作实务与技能大赛二等奖”等荣誉。同时还以课程的实践教学为基础，具体负责执行获批的教育部直属高校服务乡村振兴创新试验项目“凉山州大型易地扶贫搬迁社区治理创新实验工作”（全校唯一一项）；学校对口帮扶阿坝州金川县的“‘财金缘’阿坝州金川县农村社区服务型治理创新试验项目”。

第四，示范辐射。总体而言，本课程深受学生欢迎，获得了各方的积极评价。以课程的教学与实践为基础，师生团队积极服务学校的乡村振兴帮扶工作，主持 1 项省级教改项目，并获得多项省部级荣誉，实现了课程思政的教学目标。相关的教学经验，也将逐步应用于“志愿服务”“农村社会工作与乡村振兴”“社会工作行政”等课程。

五、课程特色与创新

经过持续的探索和实践，本课程逐步凝练出几个较为明显的特色与创新之处，集中表现在以下三个方面。

第一，本课程最大的特色是，并不单纯以研究者的身份去挖掘和整理他人的思政教学素材，而是师生一起行动，亲自设计服务方案、采取实践行动、总结提炼思政素材。因此在教学过程中，学生的参与积极性高、投入程度深，教学效果也更加明显。例如，在讲授社会工作参与少数民族地区的扶贫工作时，教师就以学校对口帮扶四川省凉山州美姑县、阿坝州金川县，以及云南省福贡县的真实事件为素材；在讲授少数民族地区的社区治理时，以师生一起实施的“‘彝路相伴’凉山州易地扶贫搬迁社区治理项目”“‘财金缘’阿坝州金川县农村社区服务型治理创新试验项目”为素材。

第二，高度重视实践教学环节，在实际服务场域中提升学生的综合素养，更好地达成课程思政的建设目标。本课程除了课堂教学环节之外，亦安排了实践教学环节，效果非常明显。例如，在参与了实践教学环节后，有学生表示：“从大学本科到现在，参访机构的次数也不少了。以前都是以参访者的身份去了解一个机构，主要了解机构的发展历程、服务对象、服务成果等，好像看到的都是顺利的一面。但此次，作为督导者，我们更多了解的是机构发展中遇到的困难，大家一起学习探讨如何更好地解决这些困难，如何帮助机构更好地发展、更好地打造品牌效应等。大家从局外人变为真正的参与者。此次学习，收获颇丰！”在逐步积累经验的过程中，本课程已形成较为完善的田野式教学实践模式。

第三，深度融入国家重大战略，积极服务学校乡村振兴工作。例如，在四川省民政厅的支持下，本课程师生申报并实施的“‘彝路相伴’凉山州易地扶贫搬迁社区治理项目”，已获批教育部直属高校服务乡村振兴创新试验项目。课程师生每年都会去凉山州的大型易地扶贫搬迁社区提供社区治理服务，亲身感受脱贫攻坚工作的巨大成效，也积极为“巩固拓展脱贫攻坚成果同乡村振兴有效衔接”战略服务，体现了“大气为人、大智谋事、大爱行天下”西财青年品格。目前，该项目的服务经验已被四川省民政厅推广到全省 30 多个大型搬迁安置社区。

六、课程后续建设计划

课程思政的建设是持续的。只有规划好后续的各项建设工作，才能不断地优化与提升，进而使课程实施能够形成良性循环，更好地实现各项教学目标。

第一，深入贯彻落实党的二十大精神。学习宣传贯彻党的二十大精神是当前和今后一个时期全党全国的首要政治任务，也是课程思政建设的核心要义。授课老师将更加全面、更加深入地学习党的二十大精神，把二十大的精神全方位融入课程的教学全过程；让学生更加坚定道路自信、理论自信、制度自信、文化自信，为全面建设社会主义现代化国家、全面推进中华民族伟大复兴而团结奋斗。

第二，针对学生的育人效果更加凸显。在继续开展好课堂教学的同时，要扎实推进实践教学，持续引导学生在一次次的服务行动中了解国情、认识世界，培养吃苦耐劳的品质，不断提升勇于担当、知行合一、团结协作、尊重差异的意识，不断培养“大气为人、大智谋事、大爱行天下”的西财青年品格。同时，要引导学生树立良好的道德情操、持续提升综合素质，进而培养有灵魂、有担当的新时代大学生，持续强化课程思政建设的成效。

第三，创造更多具有标志性的育人成果。整体上，本课程将对标教育部课程思政示范课程的创建标准，高起点、高标准、高要求地做好课程的后续建设工作。坚持系统设计、分步实施、逐步深入、边做边总结边提升。把本课程的建设任务与学校的乡村振兴帮扶工作更好地结合起来，分年度推进主要任务和重点工作。在此基础上，创造更多具有标志性的育人成果。例如，指导更多的学生获得省部级以上的荣誉，发表和出版更多的教学论文和著作，积极扩大本课程在校内外的影响。

第四，提供强有力的组织和经费保障。加强组织领导，强化顶层设计，探索建立长效机制，建构目标明确、标准健全、运行科学、保障有力、成效显著的课程思政工作体系。此外，充分运用好学校在“‘彝路相伴’凉山州易地扶贫搬迁社区治理项目”中与凉山州人民政府、四川省民政厅签订的服务协议，搭建更畅通的“校、州、厅”三方联动协调机制，持续与各相关方建立良好合作关系，有效联动多方资源。同时，还可以从四川省民政厅、四川省教育厅等多个层面和渠道争取更多的经费保障支持，确保课程建设目标能够保质保量地实现。

社会工作专业硕士实习：怎么看？怎么干？

李权财

在专业实习这件事情上，我曾经历了多重身份的转换。读本科时，我曾在城市的老旧社区里实习，也曾跟随老师一起运营市民政局的公益创投项目，还曾组织团队到凉山彝族的农村社区开展服务工作。读硕士时，我创办了社会工作机构，遂把运营机构当作了实习的内容。其后，作为机构的负责人，我也曾多次扮演社工实习生的机构督导角色。博士毕业到大学做老师后，我则扮演了社工实习生的学校督导角色。多种经历，让我自己对社会工作专业实习有了一定的认识。因此，我想简单谈谈社会工作专业硕士的实习：应该怎么看？可以怎么干？

要回答这两个问题，需要先从学生的角度来看，看硕士生对专业实习抱有什么样的心理。总的来说，我想可以大致分为以下四种类型。第一种，满怀期待、积极探索型。“一直都在上课，终于可以去实习、去看看新鲜世界了。”此类学生对实习的期待高、参与积极性强，通常将实习看作探索社会、探索自我的方式。第二种，目的明确、清醒理智型。“要写毕业论文了，还不知道要写什么，先去实习场域看看，从当中选取点素材、收集点资料吧。”此类学生，将专业实习与硕士毕业论文紧密联系起来，实习的目的是给毕业论文找素材。第三种，“听天由命”、被动接受型。“好吧，到实习了，安排我做什么，我就做什么吧。”此类学生，对专业实习谈不上有兴趣、谈不上有好感，也谈不上有热情，但他们会中规中矩地完成学校和实习单位指派的任务。第四种，满腹牢骚、消极怠工型。“啊，好烦，要实习了，我怎么才能‘混’满学校规定的600或者800小时的实习任务？”此类学生，把专业实习当作“沉重的负担”，只期待能早点应付过去。

第一种、第二种类型的学生，相对积极主动，他们充满活力和创造力，不仅易于指导，有时候还能引领老师进步。然而，实际上，并不是谁在一进校门的时候就知道实习的意义。实习的意义是要通过学习被激发、被启发的。从这个意义上来说，第三种、第四种类型的学生，还没有被引导进入适宜的实习之路。

一、怎么看待专业实习?

第一，课程学习、毕业论文写作、专业实习三者相辅相成，共构完善的专业硕士培养体系。一般而言，学校对社会工作专业硕士之培养和训练主要有三种抓手：其一，系统化的课程学习；其二，规范化的毕业论文写作；其三，体系化的专业实习。社会工作专业的学生只懂理论知识，或者说是只知道基本的概念和名词，却无法将知识有效运用到实践场域，一直是社工教育培养中长期被诟病的问题。近年来，有学者在各类讲座中反向地提出，社工学生不是不懂应用，而是没有有效掌握专业知识。

而在我看来，想要弥合理论和实务之间的鸿沟，还是要回归实践场域，建立“以实践为核心”的专业培养体系，包括以实践为导向的课程设置（当然也需要搭配一些思辨性、理论性的课程，以及多样化的研究方法课程）、以实践案例为素材的课程教学、以实践为基础的毕业论文写作。这包括两层意思：第一，三者不能单打独斗，要紧密联系；第二，要以实习为纽带，用专业实习连接起教学和毕业论文。在这个意义上，专业实习的重要性就不言而喻了。专业实习并非一项可有可无的补充，而是课程学习与毕业论文写作的一个支点。

以我指导的两位硕士生为例，他们选修了我的课程“民族、文化与社会工作”，同时参加了学院在少数民族地区开展的社会工作服务项目，以此作为自己的实习内容，并在实习中以学术研究的视角撰写了毕业论文。两年的专业培养时间紧任务重，如果能够将这三者有效整合起来，不仅可以深化学生对学科的理解，弥合理论、实务和研究的鸿沟，还能让他们在整个学习过程中少走很多弯路。而这，还是要回归到他们对实习的理解，考验他们的理性选择和对实习的整体规划能力。

第二，专业实习的环境和条件已经大为改善，这对个人专业和职业成长的帮助越来越明显。从学生没有社工实习机构，到高校老师为了解决学生实习问题主动创办社工机构，再到今天在各类政策的支持下，社会工作已经在社会福利服务输送中扮演着重要角色，这个过程也不过才十几年的时间。同时，伴随着社会工作行业的快速发展，再加上学校对专业实习的日益重视，各个学校的专业实习已变得越来越规范，可以供学生去实习的场域也越来越多元化。

以西南财经大学社会工作专业的学生为例，他们除了可以到传统的社会工作机构实习，尚有四川省民政厅等政府行政部门、成都市未成年人救助保护中心等事业单位、四川省慈善总会等社会团体，以及养老院、基金会、社会企业、公益组织服务园、乡镇/街道社工站等单位可供选择。此外，有部分同学参加了学校的乡村振兴服务行动，到四川省凉山彝族自治州的易地扶贫搬迁安置社区、四川省阿坝藏族羌族自治州的传统农村社区进行服务。可见，实习平台已更加多元化，实习平台的品质也越来越好，学生的实习环境已然有了明显的改善。这对于那些在实习中有心、用心、尽心的同学来说，获得的锻炼机会是前所未有的。

第三，即便将来毕业后选择在其他行业工作，专业实习依旧是非常有价值的。实习，是成长的途径，也是适应社会的过程。特别是对没有工作经历的同学，专业实习将是他们进一步接受历练的机会。实习的过程中，他们将从纯粹的学生身份，转化为“半学生半工作者”的身份。实习不再只是看看书、写写课程作业、准备分享报告，而是主动承担责任，协助开展具体的服务项目。实习生被安排在一个具有特定组织文化的环境中工作，接受他人的考核与评量，尝试提升自己的“工作情商”。可以预见的是，在实习过程中，不少同学可能会被批评或受到质疑，但这些经历、这些挑战，会不断地锻炼他们，不断地督促他们进步。

无论学生将来从事什么行业，这些经历皆是有用且通用的，至少，会给他们机会重新审视社会工作行业。或许，通过实习看清行业本质，进而选择留下或者远离，就是他们最大的收获。因此，要“跳出实习本身看实习”，将实习和修课、毕业论文写作联系起来，将实习看作专业成长的机会，将实习当作职业选择和社会适应的试验地。总而言之，应从更长远、更多维的角度看待专业实习。

二、怎么干好专业实习？

第一，学会观察与思考外部环境。除了完成学校、机构要求的或者自主开展的服务工作外，也要有意识地、积极主动地从更加宏观的视角进行观察和思考。有公益界的前辈曾说，社会工作专业的学生，很容易陷入一场又一场的具体服务活动中，陷入一个又一个服务对象的特殊处境中，导致站位太低，缺乏宏观视野，做不了管理者。这种说法不一定准确，但提醒了学生：除了重视直接作用于服务对象的个案、小组、社区三大方法，也不能忽视社会工作行政、社会政策影响等在社会工作实务中所发挥的作用。在社会工作者的胜任力研究中，胜任力从来不全来自具体服务层面。因此，除了服务于直接情境之外，学生亦需要在专业实习中培养抽象思维、行政思维、宏观思维。例如，比较具有操作性的，可从机构层面进行观察和思考。比如说，探索机构的历史渊源（何种背景和契机下成立、经历了哪些发展阶段等）、机构的组织架构（体现何种性质、内设的部门有哪些等)、机构的管理模式(人员的选用任留、财务的管理模式等)、机构的服务内容(主要服务领域是什么、何以如此设定等)、机构的服务过程(服务输送过程是怎样的、如何与资方打交道、如何与合作主体建立关系等)、机构的发展态势(发展的优势是什么、存在的劣势和困境又是什么等)。学生对这些内容进行观察和思考,不仅有助于培养自身的行政能力、管理能力,也能在认清服务输送环境和过程后,更好地为服务对象提供服务;还可以从这些内容中,挑选自己感兴趣的进行深挖,为自己毕业论文打下良好基础。

第二,学会记录与反思内心感受。学生在专业实习的过程中,要做好实习的相关记录,做一个善于反思的人。记录不仅是一个“留影”行为,更是一个对思考进行系统梳理的过程。我们的大脑是善于遗忘的,灵感的火花有时也是昙花一现,思考逻辑的链条也不会很长,但我们可以通过及时的记录和整理来弥补。那些在实习中经历的挫折、挑战以及成功,都可以通过记录和反思,形成独特的心理经验,成为进一步发展的支撑。

第三,学会与同路人讨论与分享。专业实习不是一个单打独斗的过程,而是一个以实习内容为载体进行讨论、反思,从而形成经验的过程。在这个特殊的学习过程中,如果遇到困惑、阻碍,或者有其他想要分享的内容,可以联系学校的实习督导,或以同辈督导的方式寻求帮助、获得成长。另外，讨论和分享除了有促进专业学习的作用外，也是获得情感支持的重要力量。在专业实习的过程中，难免遇到一些不顺心之事、苦恼之事，甚至一些紧急和危险之事。此时，机构督导、学校督导、社工朋辈都是重要的支持力量。将问题抛到群体中，用群体的智慧来化解是很有效而健康的方式。要记住，社工不是一个人，而是一群人，要学会与同路人在一起。总的来说，干好专业实习，就是要从社会工作管理的维度铺开实习任务，争取获得各类综合性的训练，实现多方面的成长和进步。

如何写好硕士毕业论文？（一）

罗炳尧

（该部分内容整理自罗炳尧同学于2022年5月23日，参加西南财经大学社会发展研究院举办的“怎么写毕业论文：我们有话要说”主题沙龙时所做的现场分享。）

本文将大致按照我的论文逻辑进行写作。

第一步，确定主题。通过回顾以往阅读过的文献、书籍或是参与过的课堂话题，挑选出印象深刻、熟悉或是有探索欲望的主题。如果是写社工实务论文，可以结合实习项目，这样写起来更加具象化，在个人经历基础上进行的反思也更有感染力。

第二步，收集资料。对于定性论文来说，其中比较关键的一步是确定访谈提纲。值得注意的是，访谈提纲要尽量日常化，要接地气。以我的论文为例，它以社区为场景，以社区居民为访谈对象之一，我必须考虑到访谈对象的阅历、文化背景和认知水平。我设置了一个方言版的提纲，日常访谈尽量贴合四川话的语境，将一些语句、名词尽量简化，让谈话更加生活化。这一方面更容易让访谈对象理解，获得信息；另一方面也能与访谈对象拉近距离，加深联系。在访谈过程中，不仅要重视正式的访谈场景，也要重视非正式场合，在非正式场合所获得的信息有时能成为意料之外的惊喜。比如和社工同事、社工督导、社区居民日常交谈之时，和他们一起吃饭、一起逛街之时，都是收集资料的好时机。所以，不必局限于正式访谈时才收集资料，而是在任何时间任何地点，都可以带着问题，以不同视角研究对象。

在开展实务活动的过程中，我们也可以收集资料。在实务活动中，我们不仅是一个执行者，同时也是一个观察者，要观察自己和社工之间的谈话、社工和社工之间的谈话，以及社工和居民的谈话，还要观察不同人群的行为和特征。在每一次活动之后，都要对当天活动的内容、观察到的现象进行总结。所以，建议大家在收集资料的时候、在社区实习的时候，准备一个笔记本来记录当天的所见所闻和自己的感受，并进行适当的总结。

第三步，整理资料，进行框架梳理。在资料收集和整理完成之后，要对其进行梳理和分类。还要注意总结在社区实习过程中对一些具体行为的感悟。

第四步，撰写正文。虽然在写作前总结出了一些观点，但这些观点还是不成体系的，所以，边写边梳理的过程也是对观点进行再反思的过程。当然，不能拘泥于反思本身，反思的目的是要带来新的体验和感受。在撰写正文的过程中，除了期刊文献，还有两类书可以看：一类是由博士论文形成的书籍，通常质量较高；另一类是一些具有故事性的叙事书籍。对于学生来说，有效利用书籍，会让梳理访谈材料事半功倍。

第五步，论文完成后的重新审视和回顾。这个部分要注意三个点：其一是梳理逻辑；其二是找到论文框架的立足点；其三是在完成写作后，最好再做一个思维导图，回顾论文，进行完善。

在以上五个步骤都完成之后，整篇论文基本完成。但还有一个点是需要注意的：社工实务论文中有很多相似的观点，毕竟问题是具有普遍性的。比如说社工缺乏独立性等，这样的观点可以写，但是要尽量基于独特的视角，以不同的方式或者是更加具有特殊性的案例来表述，尽量保证文章的独特性。

此外，我想谈一下不要踩的“坑”，有以下四点。

第一点，在论文主题选择方面，要选“小”不选“大”，选具体不选抽象。实务论文要尽量聚焦具体现象、具体问题，因此，越大的主题就越不能“hold 住”，而且容易在写作过程中迷失方向。

第二点，在材料收集方面要遵循一个原则，就是收多不收少，这有利于我们进一步筛选材料。比如，在访谈时，可以适当问一些访谈提纲之外的内容，说不定会带来一些新的启示。

第三点，在写作方面，很多实务论文有一个问题，那就是容易把论文写成研究报告。所以，在写实务论文的时候我们要将实际与理论紧密相连。具体而言，可以将理论化的观点与实务语言进行综合，就会让论文显得更专业。

第四点，虽然我们的目标是要完成论文，但我们不能辜负每一次成长的机会。我们需要赋予每一个遇见的人、每一个经历时刻以重要的意义。当你回顾论文的时候，其实也是在回看自己的成长经历。

如何写好硕士毕业论文？（二）

骆薇

（该部分内容整理自骆薇同学于2022年5月23日，参加西南财经大学社会发展研究院举办的“怎么写毕业论文：我们有话要说”主题沙龙时所做的现场分享。）

一、选题与开题

其一，如何选题。我主要想强调两点。一是明确定位。开始选题之时，必须要明确的是：你想要写的论文的定位是什么。是定量还是定性？或是想要去实践，去做社工实务？那么如何去定位呢？一方面，你可以根据自己导师的情况来决策。比如，有的导师擅长做定量，有的擅长做定性，那么你就可以紧跟导师的步伐。另一方面，你可以根据自己的兴趣选择自己喜欢的方式，若遇到你感兴趣但你的导师可能不擅长的领域，就可以去询问对该领域比较熟悉的老师。其实大家都不要怕问，只要你问了，老师们都是愿意去解答的。二是一定要及时与导师沟通。不论你是突然产生了灵感，还是遇到某些困惑，只有不断地与导师沟通，才能将不确定的问题变为确定。

其二，如何开题。开题写作的三部分（绪论、文献综述、研究方法）中，最难写的部分应该是文献综述，因为它是将文献转换成写作内容的一个过程。在这一过程中，大家往往会陷入迷茫——虽然看了非常多的文献，但是提笔的时候，你会发现思绪很乱，无从下笔。不要焦虑，这是正常现象。这时需要思考问题到底出在哪里，可以先花两个小时去写一个阶段反思，这个反思涵盖个人状态、遇到的问题，以及解决的办法。

基于我自己的理解与反思，开题的写作，尤其是文献综述部分的写作需要着重强调三点。第一，要时刻将研究问题印在脑子里。我在写论文的时候，会把研究问题放在每一段的前面，时刻提醒自己以它为写作的指引。第二，以研究问题为主线，学会做减法。为什么要做减法？大家看了很多的文献后，可能会觉得这个学者观点很好，那个学者说得也对。但是几十甚至上百篇文献，难道都要在文献综述部分体现出来吗？其实不是这样的，你要学会做减法。所谓减法是指要以研究问题为主线，删减次相关或者无关的观点，只保留关联性很强的部分，只有这样才能够在众多文献中找出你想要的。第三，你应是论文的主导者，而不应被繁杂的文献所“左右”。文献很多，观点也很新奇，你是否会被这些观点“牵着鼻子走”呢？这时必须要明确写论文的是你，你是论文的主导者，你要做的就是用这些文献服务你的研究。

我的论文属于质性研究，开题的题目可以称为“主题和范围”，最后定稿的题目是不断聚焦和完善的结果。所以我希望大家选题时一定要注意聚焦主题和问题，避免空泛。当初的我因为论文题目不够聚焦，寻找了很久，也思考了很久，花费了很多时间。对于定性研究，我起初的开题题目可能仅仅是设想和期望，但进入实际应用时我才意识到，很多想法与实际相差甚远。

二、资料收集与分析

开题结束后就是资料收集与分析。我的论文是定性研究，资料收集部分主要是访谈和参与观察。在这部分，我想重点强调访谈提纲的弹性变化。前期，我对三四个人进行访谈的时候，基本上都是“一份提纲走天下”，但是后来我发现我的选题需要聚焦，且访谈对象会提供一些新的信息，结合在地情况，我原来的提纲是需要调整的。后期再去做访谈时，我会先了解每一个被访者，然后为其制订一份专属的提纲。质性研究的资料分析阶段非常重要，因为分析质量很大程度上决定了初稿的雏形。换言之，编码的质量直接决定了初稿质量。资料分析是我整个论文产出过程中耗费时间最长的阶段。访谈转录出来的资料文字太多了，如果你会使用质性资料分析软件，那就不需要烦恼了。不过，大多数人往往不太会用机器分析质性资料，若你属于这类，那这时候你就需要思考如何编码了。

编码时需要注意以下重点。第一，研究问题最核心。分析资料的最终目的旨在回应研究问题，你需要将资料重新“组装”去回答你的研究问题，所以还需不断重复研究问题，以研究问题为主线串联资料。第二，结合文献来分析资料。资料分析和文献阅读是分不开的，因为“编码有依据”。我分析资料的时候会每天读文献，经常会发现文献中的某个词可能刚好与资料中某句话契合，这时候类属或者概念就出现了，所以分析资料期间需要将资料分析和文献阅读结合在一起。同时，阅读文献也是一个与理论对话的过程，只有这样，才能用文献中的某个理论或者基于某个视角去分析资料。第三，筛选资料要懂得舍弃。访谈所获资料的数量是非常可观的，懂得如何筛选是很重要的。不要想着将所有的资料全都框进论文中，而要做减法，舍去与研究问题无关的资料。第四，备忘录撰写很重要。备忘录是一个很好的工具，能够有效整理论文框架，记录想法、灵感、阶段反思等。这些可能可以构成初稿的雏形。备忘录在我写论文的过程中起到了很大的作用。

三、初稿写作

写初稿要“想清楚才能写清楚”，但它衍生出两个问题：一是“想”与“写”的界限在哪里，二是如何“写清楚”。这两个问题也是我在写初稿过程中遇到的困惑。“想”与“写”之间的界限在哪？你怎么知道自己是否想清楚了呢？我很晚才开始动笔写初稿，身边的人都和我说：“你要开始写，直接上手写。”但是我没有想清楚，怎么能动笔写呢？所以我就很不明白“想”与“写”的界限到底在哪里。现在我再回头看，要“想”清楚的内容大概就是我备忘录里的框架或者大纲。就我自己而言，将论文三级标题基本上确定之后，我才开始动笔写。“写”就是当你的框架都已经确定后，直接往里面填充内容，这样写出来就很快了。那么，如何“写”清楚？要知道，不管是接着开题报告写，还是从绪论开始写，都是在回应研究问题。写的时候需要注意以下几点：第一，与文献对话，用现有的文献去解释你的研究发现；第二，写作的逻辑一定要顺畅，条理清晰；第三，资料的选取一定要合适，不能乱选，它是你论文观点的依据。

总而言之，写好毕业论文，需要注意以下三点。第一，明确研究问题。研究问题始终是论文的主线，所写的内容都是在回应研究问题。第二，学会做减法。不管是文献，还是研究资料，要尽量学会做减法，这样才能更加简洁明确地表达想法。第三，调整好心态。在写论文的过程中，每个人的进度都是不同的，于你而言，自己的步调是最重要的，不要因为别人的快节奏而焦虑。要确定自己的步调，一步一步地走。同时，我们要在不确定性和变化之中去寻找自己的确定性。写论文是一个灵活变动的过程，谁也不知道自己会面临什么样的状况和问题，我们能做的是接受这种不确定，积极应对，达成目标。

启程的社工之“思”篇

2021—2022 学年，我荣幸地担任了西南财经大学 2021 级社会工作硕士新生的班主任，同时也是“志愿服务”“民族、文化与社会工作”“农村社会工作与乡村振兴”等课程的任课老师。该学年的第一学期，我给自己的规定之一是：每堂课都给同学们写一封信，分享自己的经历与心得体悟，分享自己对社会工作专业的认识与理解，同时也积极回应同学们的一些现实需求，希望能够真正实现师生之间的互助成长。本篇的所有文章，均整理自我在该学期写给同学们的信。

既要选好合适的导师，更要自己努力地拼搏

李权财

最近同学们都在忙于选导师，有开心的，也有焦虑的。大家都想选一位自己心目中的好老师，毕竟在研究生阶段选择与自己相互契合的导师是如此的重要！什么样的大学老师是好老师？大家可能会有不同的观点。就此问题，上学期和本学期，我分别对自己授课班级中的本科生做了一次调查。我请同学们花 15~20 分钟的时间，将自己最真实的看法写在纸上。我非常认真地阅读了同学们写的内容，也对这些内容做了整理。同学们的观点都很有意思，有的从务实的视角出发，比如希望老师给学生的分数高一点、布置的作业少一点；有的看重老师的专业素养，比如知识丰富、教学能力强；有的关注教师的教学风格，比如怎么样对待课堂、对待学生；有的则站位很高，对老师的个人境界修养和职业使命提出要求；等等。每个同学心中的好老师不一样，这反映了同学们的追求，也反映了同学们曾经或愉快或不愉快的受教经历。

说实话，作为一名老师，我看完这些后是有点压力的。因为会不自觉地去对号入座：同学说的这点我有没有，那点我有没有……如果有，会高兴一下；如果没有，也会闪过一丝焦虑。当然，最后我也会明白，自己不是一个样样都有的完人。因此，我想，一个好老师，一定要对自己有清醒的认识。一是需要明白，自己无法迎合所有学生的期待，可能也无法成为所有学生眼中的好老师。二是需要明白，自己的优势是什么，如何极大地发挥，自己的不足在哪里，如何极力地避免。换句话说，先做好自己，再做好老师，做一个有自己的风格和原则的老师。

这也让我想到另一个问题：什么样的学生是好学生。如果自己不是一个完美的老师，便也不能要求学生是一个完美的学生。每个学生都有自己的个性，都有自己的优点，未来的发展道路也不一样。他们只在求学阶段、这个学期，甚至只是在这节课与老师有所互动。因此，作为老师，不能一味以自己的偏好和意愿来要求学生。我们能做的，只是针对不同学生的特点，在有限的接触时间里，将我们最好的东西给他们。

在我的学习生涯中，也遇到诸多我心目中的好老师。初一时的班主任胡优作老师，满怀教学的理想，她特别希望我们这些成长自山区的彝族学生，能够走出大山，去追寻自己的梦想。有首歌曲《走出大凉山》，特别能反映那个时期我们的心情。高中的班主任何军老师，他特别严厉，也特别关心人，对我们班上仅有的几位彝族同学关怀备至，一次次鼓励我们要更加拼搏、更加积极向上，要追求远大的理想。本科时期的汪春劼老师，授课总是那么认真、那么受欢迎，他的教室里总是挤满了人，一多半都是来旁听的。博士期间的诸位老师，对学生关怀备至，总是在从学生的角度考虑问题，毫无保留地帮助学生成长。我发现，我自己认为的好老师都不一样，他们都有自己独特的“好”。之所以想起他们，是因为虽然已过去多年，但他们依旧让我印象深刻，让我持续地感动。

我们社会发展研究院的老师们都很优秀，都有自己的个性和特点。在这里，你多半会遇到你心目中的好老师、好导师。怎么选导师，其实你们的办法已经有很多，甚至可以总结成“攻略”了吧。我想和大家分享的是，作为硕士研究生，可以对导师有所期待和要求，但也不要过分放大导师的作用和影响。学习的事情，老师们能起到不小的作用，但更多还是要靠个人的努力和拼搏！在学习奋斗的过程中，我想有几点是很重要的。

第一，要注重对个人主动性的培养。大家走到研究生这个阶段，已经是一个相对成熟的人了，要多以严格的标准来要求自己。不管是在学习中和导师的沟通，还是在实习中和实习单位的沟通，都要具备能动性，都要有积极主动的态度。不能万事都等着导师来安排、来布置，一定要自己积极主动地去谋划。不能总是问：“老师，我们要怎么干？”而应该问：“老师，我们这么干怎么样?”主动性要培养起来。

第二，要善用资源夯实综合素质。这一阶段也许是你最后一段求学时光，所以应该抓住这难得的机会，多利用各类丰富的资源去提升自己。除了自己的导师外，学院内外还有那么多老师，他们都各有特色，你们可以保持开放的心态，多向各位老师学习。要善用各类学术资源，多去参加讲座等活动，还可以留意一下自己感兴趣的其他领域。要把学校当成历练的平台、一片大有可为的广阔天地。

第三，要一起努力建构温馨的集体。身边的同学现在是你们的朋友，将来也可能成为你们重要的工作伙伴。友谊难忘、同学情难忘，这些都是人生中很重要的一笔财富和珍贵的回忆。社会工作者作为助人者，也要相互帮助。要共同提升班级的凝聚力，相互协助。尤其是班干部们，要先干一步，要积极提升自己的组织能力，多用心为同学们服务。

第四，要持续培养社会关怀意识。成功的定义和方式有很多种，但若想真正受到别人的尊敬，则一定要成为一个心怀社会、富有社会责任感和使命感的人。作为社会工作专业的研究生，你的专业价值观中应该有社会关怀意识。我们要在学校里遇见更好的自己，去收获珍贵的友谊、去收获美丽的爱情、去丰富自己的知识、去开阔自己的视野，努力成为更好的、有情怀的人。

无论是在校内还是校外，不妨多走走看看

李权财

国庆节刚刚过去，受疫情等因素影响，大家几乎都没有外出，大多都待在光华和柳林两个校区。正因为这样，师生当中开始流行起两个词："光华村七日游""柳林村七日游"。今天上午下课后，我与班上的三位同学交流，想了解他们国庆期间的动态。不出所料，大家的状态基本都是"光华村七日游""柳林村七日游"。他们言谈中透露出些许的"失意"与"不甘"。其实，若有心，"光华游""柳林游"也是挺有意思的，尤其对刚刚入学的同学们而言，更是如此。

我的本科和硕士就读于江苏无锡的江南大学。在六年的求学时间内，我把学校的各个角落走了一遍又一遍，在看一花一草一木的过程中，对学校的认知和理解也在不断地加深。江南大学位于美丽的太湖边，我经常骑着自行车或电动车去感受太湖的魅力，常常去小蠡湖、雪浪山、长广溪湿地、十里芳堤、

太湖大堤等地吹风和发呆。在此过程中我获得了身心的愉悦，对无锡这座文化荟萃的城市的认同感也逐步增强，至今想起来都是美好的记忆，觉得没有辜负那段青春岁月。我的博士阶段，是在台湾的东海大学度过的。学校非常美丽，有“台湾最美大学”之称，有不少学弟学妹们就是冲着这美誉而去就读的。在读博的四年时间内，我经常于晚饭后，在学校的林间小路走上一个小时；有的时候，则骑上学长的摩托车慢慢地在校园里行驶。每每这个时候，都是我思维最清晰、最活跃的时候。要写什么论文，框架如何搭建，逻辑如何梳理，结论怎么建构；个人要怎么发展，要走什么道路，要干些什么事情，要做些什么工作等，经常是在这个过程中思考出来的。来到西南财经大学工作后，我也经常会在晚饭后，慢慢地在柳林校区里走上一走，不时去看看湖里的大鱼们，瞧瞧零星分散在各处的果树，观看“校鹅”们的精彩表演，感受同学们在篮球场上的挥汗如雨。对自然环境的不断熟悉、对脚下道路的持续探索、对周边事物的用心感受，总是可以让我发现世界的美好，让我到了一个地方就可以快速地适应，并保持对这个地方的热爱。

而校园之外，每个人都有自己喜欢的旅行方式。身边有两位朋友的旅行很让我特别羡慕。其中一位朋友，是我高中的老班长，也是我高中最好的朋友，同时还是我大学本科期间数次暑期志愿服务行动中的合作伙伴。他在大学毕业后，骑自行车拉着自己的行李，独自一人从湖南骑行到了四川凉山彝族自治州的州府西昌。后来，这段特别的经历成了他求职的敲门砖。单位负责人仅凭这场旅行就知道他是位敢做、敢闯、敢拼搏的小伙子，非常值得培养。另外一位朋友，是我上半年在北京参加亿方公益基金会“菁莪伙伴计划”聚会时认识的。他目前是广东一家公益机构的负责人。学习理科的他，在博士毕业后想要去沉淀一下自己，遂从广州开车去往西藏。但才出发没多久，他便开车折返了。因为他觉得坐在车上，行动太快了，什么都没来得及细品，旅程就快速地过去了。这不是他想要的状态。于是这位工科博士，重新精心规划，最后，骑着电动车，带着两块电池，独自一人顶着风雪到了拉萨。

我个人不太喜欢纯看风景、纯逛街，而是喜欢把欣赏自然风光，与接触在地民众、了解当地的历史与发展现况结合起来。我也不太喜欢做细致规划，常常在大致了解当地基本情况后便出发，这也总会让我遇到意想不到的人，结下意想不到的缘分。从前，我最好的出游伙伴是摩托车，它不至于快到让人注意不到风景，也不会慢到耽误行程，加满油一跑就是上百公里，人能走的路它也基本都可以去。最重要的是，摩托车没有挡风玻璃，骑在车上依旧是沉浸在自然中，能让我保持清醒和好奇，大脑也在不停地运转。2017 年 7 月，我骑着摩托车，带着最简单的装备，去到美籍奥地利科学家洛克于 1924 年、1928 年、1929 年三次探访过的木里藏族自治县；去往川滇交界处的“女儿国”泸沽湖，跟着当地民众一起学习纳西族的锅庄舞；去往丽江古城，在当地连续吃了数顿的腊排骨；去到云南的芒果大县——华坪县，感受花傈僳的“打跳”；又去到一年四季气候宜人的攀枝花，一探二滩水电站造就的“高峡出平湖”之绝景。这一趟旅行集中在云南和四川，是我出生和成长的大环境，是我未曾探索过的更大范围的家乡之土地。

2018年1月，我来到台湾省新竹县位置最偏远的部落——泰雅人的司马库斯部落，感受部落的无酒文化、共同经营模式，理解民族研究的学术伦理，并引发了我对民族地区乡村治理研究的浓厚兴趣。2018年9月，我又骑上摩托车穿越数百名老兵以生命为代价开通的中横公路，体会老兵们“永埋他乡”的苦楚……通过这几次出行，我对当地的文化，对当地发生的事，对书本中讲述的情景有了直观的理解，并产生了更多的联结，也让自己的学习和生活多了几分乐趣，在奋斗时可以保持昂扬的热情。

社会工作是一门研究人与环境互动关系的专业，也是一门充满艺术性的以实践为本的专业。我们在学校里（尤其是在课堂上）读的是理论，在路上读的才是真实的世界。我们除了要看期刊论文、阅读经典著作之外，也要尽可能多地外出走走，去慢慢感受不同人群的生存与生活环境，去理解不同环境下多元的生命故事。这对于做好实务工作，以及探索毕业论文写作议题，都非常有帮助。当然它也会让你的生命世界多一点色彩、多一些故事。看过世界的你，一定会更成熟，对多样性的人生更具包容性，当然也会让你的学习和生活更快乐一些。所以，无论是在校内还是校外，不妨抓住各种机会多走走看看。

分享亦是成长和收获的重要来源

李权财

今天给你们分享一件最近我感到很开心的事情，那就是家里给我寄了 1 000 多斤的芒果，并且在它们熟透之前，我将它们陆续分享给了老师、同学、朋友。若要与今天的“志愿服务”课程相联系，那么，其实这批来自凉山彝族自治州雅砻江边上的芒果，从种植、栽培、收获到运输，这整个过程，本身就是一段互助历程。

芒果树早在我读高中时就种下了。在种植的时候，亲戚和邻居自发来帮忙，没有收取任何劳务费。20 余亩的芒果树没多久就种植好了，那天家里杀了一头猪来感谢大家。其后，每年芒果收获的时候，亲戚和邻居都会自发地前来帮忙采摘。在我的印象中，家里似乎从来没有专门花钱请人来采摘过。这次，父母把要给我的芒果套上网包，装在 28 个泡沫箱子里，每个箱子皆超过 40 斤。它们被委托给镇上的班车师傅运输到县城的班车站。在我一位亲戚的接应以及班车售票员的协助下，它们从车站被抬到三轮车里，最终拉到了邮局。在邮局，由于包裹超重（每个生鲜包裹不得超过40斤），这位亲戚又花了不少时间，重新进行打包，将每个包裹控制在40斤以内。最终，这批芒果被分寄到我提供的各个地址。其中，也有不少箱直接寄到了学校和我的住处。潘彦谷老师用汽车载我到学校邮局去取芒果；把芒果从一楼搬到五楼办公室期间，正好碰到了胡康老师，他又帮我搬了一阵。在将芒果分给同学们的过程中，大家也忙着做了一些分发工作。

这件幸福的小事，其过程是互助的，其目的是分享。其实，在我们的生活之中，处处充满分享。比如，在彝族人的生活之中，分享是无处不在的，它已经深深地融入彝族人的血液之中。在自然村里，哪家人杀猪了、杀羊了，通常都会邀请邻居和亲戚一起来吃。待吃过饭要散场的时候，女主人总是会把剩余的肉分成一块一块或是一包一包，送给每一个家庭。所以，在彝族人的生活中，无论多大的猪、多大的羊，基本都是一顿吃光，一顿分完。这样的场景，我在其他地区的少数民族部落也遇到过。比如，2019年7月，我在台湾省花莲县的阿美人和布农人居住的齐美部落参加文化体验活动。在三天两夜的活动中，很多居民们把家里的各种水果、新买的猪肉、刚捕获的溪虾、刚抓获的海鱼无私地奉献给了我们这些远方的客人。离开的那天早上，主办方宰杀了一头200多斤的猪，分享给在场的每一个人。我也分到数斤的猪肉，并带回学校与伙伴们一道享用，成就了一顿快乐的晚餐。

我们可以分享什么呢？我觉得分享是一件很容易的事情，因为每个人都有某些东西对他人而言是“富余的”。分享是随时随地可行的事情，比如你可以向大家分享你的笑容。分享也是很有意义的事情，比如你掌握了一些有益的资讯，就可以分享出来帮别人解决现实难题。分享是一件越做就越富有的事情，你分享了这样东西，别人分享了那样东西，最终你就拥有了两样，甚至更多的东西……

怎么来分享呢？分享在很多时候，也不是需要精心策划的事情，你可以顺其自然地分享很多东西。9月末，家里给我寄来了4只岩鹰鸡，1头小猪（都已完成屠宰工作）。这么多好东西，如何分享呢？我马上就想到，国庆节不少同学肯定不会回家，对成都及周边环境也不熟悉，那不如就请留校的同学们一起来搞个餐会，帮我“消耗”一些食材吧。我很快就给班长发信息，请她联络大家。同时，我再一想，今年学校有三位新加入的彝族研究生，可请他们一起来参加。10月1日当天，我下午3点钟开始行动。花了1个小时，去超市新买了一些锅碗瓢盆，又买了一些熟食和蔬菜。4点钟，两位彝族同学提前到了家里，就像在老家一样，他们自然地帮忙摆桌子，购买啤酒、饮料等。我自己则在厨房里处理岩鹰鸡、小猪，把它们放进锅里煮上。忙而不乱。傍晚6点30左右正式开餐。在各方的支持之下，一次20多人的、看似工作量繁重的“分享”餐会，顺利完成了。

我在想“志愿服务”这门课的核心是什么。是让大家了解世界各地的志愿服务概况？还是学习如何做志愿服务的相关研究？如何更好地管理一家志愿服务机构？抑或是如何成为一名更好的志愿者？我想，这些都很重要。但志愿服务最为核心的应该是“分享”这两个字。其实我每次给大家写信也是一种分享，分享我最近遇到的事情、思考的东西、获得的体悟。对于一堂课，或许这不是必需的部分，但是我认为这是有意义和有意思的部分。希望我分享的不仅是专业知识，也是我对人和事的理解，我希望与你们共同成长。你们也一样，可以分享美丽的笑容，分享成功的经验，分享掌握的有益资讯，分享时间，分享对这个世界的友善，分享仁爱之心。这个世界，真的会因为分享而变得更有温度，变得更有人情味，变得让人更加舒心。

拥抱不确定的未来，全力奋斗在当下

李权财

作为大家的班主任，本学期我对自己有一个要求：每次到光华校区上完课后，都要约两至三位同学进行交流。这样能保证在一学期内，40 位同学全覆盖。于是，我像往常一样，提前在班级 QQ 群里联系了三位同学，约定周二课后要一起交流。昨天晚上有同学告诉我，在柳林校区的校运会入场方阵训练是周二下午 2 点。于是，我与同学约好 11 点 05 下课后直接在教室里交流，这样不会耽误训练。过了一会儿，我又得到消息：方阵训练改到中午 12 点 30 了。我遂和三位同学说好改地点，让他们 11 点 10 分在光华校区食堂门口等我，我们一起坐地铁去柳林校区。这样一路上就可以交流，还能赶在 12 点 30 到达规定的方阵训练地点，也能在此之前把午饭吃完。想想，还挺合适的。然而，今天中午我又在 QQ 群里看到消息："老师，由于运动会推迟了，周二方阵训练时间也改了，改为下午 2 点 30 了。"我想要不要再更换下计划，但因为临时有其他任务要马上处理，没能及时回复。过了几个小时，我又收到信息："没事没事，老师，他们又改成 12 点 30 了……"

你看，一件很小的事情，在这么短的时间内就变动了那么多次。可以想象，一个人的一生，变动更是无处不在。这是一个充满不确定的世界，很多事情我们都无法掌控。但是，不管你愿不愿意，喜不喜欢，时间从来不会停下，我们一直是主动或者被动地被时间裹挟着前进。我们的环境是如此的不确定，注定我们的未来也不会是确定的。很多人会说，计划赶不上变化，确实如此。但是，我们又该如何应对呢？我想，我们要"全力奋斗在当下"。

全力奋斗在当下，路慢慢就走出来了。很多人迷茫是因为想得多，但做得少。若能把着眼点放在当下，在当下奋斗，因势而为，就是最好的规划。前段时间，我到了北京，和一位在公益界工作的大学本科同学交流。他说："权财，我真没想到你最后还读了博士，成了大学老师。我一直感觉你是'实践型'的，没想到最终成为'学术型'的了。"如其所言，在我大一、大二的时候，我从来没有想过有一天我会去读硕士、博士，去做大学老师。那时我在想，毕业后可能会想去偏远的、艰苦的地区，好好锻炼一下自己，成为一个有想法、有追求的社会工作人员。后来，我遇到很多事情，我所处环境的变化，我个人关注点的变化，我对自己期待的转变，都让我走向了另外一条路，也是我现在认为很好、很适合我的一条路。

全力奋斗在当下，会为你的将来奠定基础，在你应对风险时为你提供更多可能。我很尊敬的一位老师，曾给我分享过他在法国读硕士和博士的经历。他的硕士导师是法国非常有名的社会学家。刚读硕士时，因为语言、文化等各方面的原因，他感觉有些吃力，各门课程的成绩也一般。然而，他很努力，也很认真，越往后读，成绩越好，处于一路上升的趋势。经过艰苦的努力，他硕士毕业了。他想过要继续读自己导师的博士，但想了想，导师那么优秀，并且有那么多人在排着队，自己肯定没啥希望，便准备回国。但有一天，他突然收到导师发来的信息："我曾经给过你一次机会（来读硕士），你把握得很好，完成得不错，现在我再给你一次机会，你来读我的博士吧。"就这样他如愿读了博士，并且用四年的时间顺利地拿到了博士学位（在法国，有不少人七八年都毕不了业）。我的这位老师，把握住了当下，赢得了机会。上周二给大家做分享的两位博士（生）同样面对过不确定性，但你们可以看到，他们都认真地把握住了过往的若干个"当下"。你们的王芳学姐，本来想选择另外一位导师，但是各种因缘际会最终让她成为现任导师的学生。我想一定是她的用心、努力和真诚，打动了现任的导师，为她赢得了宝贵的学习机会。

当下的奋斗，不一定会直接地、快速地给你回馈，但是在未来的某个时刻，你会发现，曾经的某件事情、某位朋友、某个行动，会成为惊喜。就拿和荀康伟博士（上周二做分享的嘉宾之一）的交流来说吧。我还算是一个比较积极的人，但自认为不是一个功利的人，举办各种交流活动，并不期待会给自己带来什么“实惠”，只希望有些人与人之间真诚的、真实的、快乐的互动，能相互影响就很好。但昨天晚上，我突然收到荀博士的信息，问我有没有兴趣加入一本关于“中国社会工作教育的经验”之书的写作。其中有一章是关于“民族社会工作/多元文化社会工作”教学经验的，确实还挺适合我。我想，若是没有积极去组织这次活动，没有邀请荀博士来家里，他也不会想起我来，我也就错失了一次难得的自我总结，并向大家学习的机会。拥抱不确定的未来，全力奋斗在当下，与同学们共勉。

什么是“社工三缺一”？
兼谈社会工作的四大要义

李权财

有一次，我在家里组织了一个以“民族社会工作者的生命故事”为主题的小型沙龙活动。来自凉山彝族自治州、阿坝藏族羌族自治州的6位少数民族资深社会工作者分享了自己的生命故事。大家很投入、很欢乐，从傍晚6点一直持续到了深夜12点，结束时还都有些意犹未尽的感觉。大家的生活和工作没有那么“高”“大”“尚”，但足够“精彩”，也足够有“韧性”。在平凡的岁月中，有股精神力量在支持着他们。他们一路坚持到了现在，为社会工作这个行业的发展做出了重要的贡献。

这次十分有意义的活动，实际上是我筹划了一段时间的“社工三缺一”青年会客厅第一次正式的交流活动。你们一定觉得好奇，什么是“社工三缺一”呢？组织社会工作者打麻将吗？哈哈！打麻将确实是我们四川的特色，我这里引用了打麻将“三缺一”的说法以体现四川特色，当然也是为了好记。我对“三缺一”的内涵重新进行了界定。“三”包括“笃学”“力行”“反思”，缺的“一”则是指“分享”。我认为，我们社会工作这个专业，有四个很重要的方面，即，笃学、力行、反思与分享，缺了哪一个都不行。笃学是基础，如果都没有认真地去学习，如何能够去行动呢？学习了知识以后，便要全力地行动（即力行），如此才能实现“知行合一”的目标。光有学习和行动还不行，因为我们容易做错，容易偏离方向，也容易停滞不前，所以反思是很重要的，反思性思考和反身性思考都很有必要。在笃学、力行、反思的基础上，也要把自己的经验分享出来，积极带动和影响更多的人。在分享的过程中，你可以把困惑、疑问、迷茫、无奈等都讲一讲，大家可以成为你的参谋，成为你的倾听者，一起协助你去应对。

笃学、力行、反思，在个人层面，还是可以实现的。但是分享，则需要一些机会，这是我们比较缺乏的。那么“社工三缺一”青年会客厅，就是为了提供这样一个平台，让大家来分享自身的学、思、行。我相信，在分享过程中会产生很多意想不到的积极效果。我的这些想法来自哪里呢？来自我对社会工作专业的理解，来自我的母校江南大学和东海大学的校训，来自我工作的西南财经大学的办学精神。

江南大学的校训是“笃学尚行，止于至善”。笃学，强调要以求真务实的态度做学问，反对虚假与浮躁之风。尚行，提倡实际行动，尊崇实践。“笃学尚行”，强调的就是知行合一，理论与实践相结合。我的“三缺一”借用了其中的“笃学”和“尚行”。“止于至善”，出自《礼记·大学》首句“大学之道，在明明德，在亲民，止于至善”，强调通过不断进取，达到善的最高境界。如何达到最高境界？“反思”是一个很重要的方法。东海大学的校训是“求真、笃信、力行”。意即要去追求和掌握真知识，然后要去真正地信任它，最终则全力地去实践、去行动。我的“三缺一”借用了其中的“力行”二字。“力行”与社会工作专业强调实践为本的特质非常契合。

西南财经大学的校训是“严谨、勤俭、求实、开拓”，办学精神则是“经世济民、孜孜以求”。“经世”体现了学校的学科特色，而“济民”则强调要运用个人的知识、能力奉献社会，要将个人成才与为人民服务有机结合起来，这不就是我们社会工作专业的使命吗？“孜孜以求”，则形容不倦努力，不耽于安逸舒适，要上下求索，自强不息。如何实现“孜孜以求”呢？我觉得“反思”真的很有用。走得太顺了、太快了，或者走得太坎坷了、太让人伤心了，不妨回过头来想想自己的路是怎么走的？现在的生活和状态是我们自己想要的吗？我们可能在哪些环节里迷失了自己呢？

我为什么要在家里办个“社工三缺一”青年会客厅呢？我

想这和我作为一名大学教师的职业身份相关，和我从事的专业是社会工作相关。大学老师可能有一个很明显的特质，除了关心自己单位的事情之外，还会花费很多的时间和精力去关注其所属学科和行业发展的整体态势，有一个相对宏观的职业视角。近些年来，社会工作的发展驶入了快车道，无论是教育、实务、研究等各方面都取得了长足的进步，但整体来看社会工作的力量还很弱，发展过程中面临的问题还很多，还有很多的内容值得去关注和讨论。因此，我希望能借助这样一个平台，多和来自实务界的、教育界的、政府界的，以及其他领域的朋友多些交流、多些互动，多凝聚共识，一起助力社会工作专业共同体的发展。至少，希望在开展活动的过程中，大家能彼此多些鼓励、多些真诚的交流，一起度过愉快的时光。

我相信每个人都有自己的精彩故事，有骄傲的瞬间，也有不堪回首的往事。但如果回头看看，回头想想，也许你会有不一样的所见！欢迎在不远的将来，在座的各位同学们一起来到“社工三缺一”青年会客厅，来“分享”你的“笃学”“力行”“反思”的生命故事，一起来回味“我们一起走过的社工路”，一起来助力“我们所热爱的社会工作”更好地向前发展。

在艰难的探索旅途中，寻找属于自己的道路

李权财

不经意看到微信朋友圈中，中央民族大学的罗木散博士（在读）的动态。他更新了自己的公众号，以《翻越小高山》为题，记叙了他的田野地凉山州盐源县的人民，把“翻越小高山”作为一种求知理念和教育象征，激励着一代一代的盐源人民走上读书、成才之路的故事。

我和罗木散博士虽只在线下见过一面，但已是多年的微信好友，在网络上有较多的互动。今年上半年，我收到他寄来的学术专著《春去冬回：凉山彝族农民的流动生活》。我很快将书从头到尾看了一遍，又挑出自己认为的重点内容再看了一遍，我深受启发。这本书对于我讲好“民族、文化与社会工作”课程也大有益处。罗博士的文字是带有深厚的感情的，能够从中看到他对社会底层、对民族发展的关切。借用一位我们共同的微信好友的话：“罗博士的文章最具感染力之处，在于能够很

好地平衡学术和现实关怀，他从来不会像某些学者那样把研究对象工具化，他给予研究对象以尊重。”

对于罗博士这篇推文所讲述的故事，我是深有感触的。我家所在的乡镇——凉山州德昌县热河镇，是全县最偏远的一个乡镇，距县城近 80 公里，直到道路全修成了水泥路的今天，骑摩托车去一趟县城都还需要两个半小时左右，交通实属不便。在我上大学前，我曾经若干次徒步走过从家里到县城的乡间“上学路”。这条路是祖辈们的出山路，他们徒步翻山越岭，走过蚂蟥密集的水沟，穿越阴森的原始森林，需要大半天的时间才会到达县城。

我第一次走这条路是在读小学之时，母亲要带我去县城逛逛。为了让我不至于那么辛苦，母亲和我在头一天下午就住到了半途上的小外公家。至今我都记得，那天晚上因为想到第二天就要去县城“见世面”去了，我一晚上兴奋得难以入睡。第二天一大早，在小外公家吃了早饭，我和母亲便出发了。在沿着陡峭的竹林小道向上爬了一个多小时后，我们便进入一段漫长的水渠路。两个多小时的时间里，我们一直沿着水渠弯来绕去。水渠两边是一片原始森林，各式各样的古木自然生长，遮天蔽日。很多时候周围都是一片阴森幽暗，还时不时传来各种空灵的鸟叫声。再往前走了一阵子，感觉有点累，我们俩便找了一棵倒下的大树坐下来休息。不一会儿，从不远处来了一位背着斜挎包的年轻人，我并不认识他，但母亲倒是很快就跟他聊了起来。母亲拿出准备的“路途零食”，我们三人一起分着吃了。接着，我们又往前赶路。我问母亲他是谁，母亲告诉我，他是我一位较近的亲戚（在村里大家都有各种亲戚关系，好多我也搞不清楚），是村里第一位考上本科的大学生，当时正在西南民族大学读书。后来，这位亲戚又相继读了西南民族大学的硕士、清华大学的博士。我清楚地记得，母亲还顺带说了一句：“你也要好好读书，能像他一样考上大学就好了。”实际上，那时候我还不知道大学意味着什么、读大学会怎么样，大学于我而言，完全是个陌生的、遥远的概念。

再走这条路的时候，是我小学升初中的时候。那一年，我在小升初的考试中取得了还不错的成绩，陆续收到县城不少学校的录取通知书。最终，我选择去了绝大多数少数民族学生都会去的民族中学。这次的上学路，是父亲带着我走的。父亲的风格与母亲全然不同，他一路上会给我讲发生在这条路上的各种故事，如曾被视作“英雄”猎人的过往趣事，一些“倒霉”人士被蛇咬而不慎摔落悬崖的往事，凡此种种。他讲述的故事，反映出小山村的历史变迁、村民艰难但积极向上的日常生活、村民对外界的憧憬与探索、深林中的生存之道、人与自然之间的辩证关系等。虽然路途遥远，但我觉得很有趣，一路上并没有疲劳感。

再往后，则是我和上学的小伙伴们走这条路了。高年级的带着低年级的，年纪大的带着年纪小的。我从曾经被别人带、被别人照顾，逐渐变成带别人、照顾别人。在这个过程中，我的责任感逐渐被培养出来。我会去考虑，不同自然村的人在哪个路口汇合？该来的人都来齐了吗？也会不时地说上两句，让走在最前面的伙伴不要太快，走在后面的同学要赶上大家的步伐。中间，还要有意识地讲上点有趣的内容，让大家一起说说笑笑。走到大中午的时候，大家总会选择一个阴凉之地，围坐一圈，分享各自带来的午餐。有的伙伴带了煮熟的鸡蛋，有的带了大米饭团、荞麦饼、土豆，还有的带了腊肉等。大家相互分享，是你的也是我的，是我的也是你的。到了后半段，需要沿着溪流而下。遇到下雨的时候，溪水会暴涨，这时候则需要特别小心。大家手拉着手前进，以防有人不慎落水，甚至被水冲走。经过长途跋涉，大家虽感到疲惫，但总是相互鼓励。就这样走啊走，最终我们总能在天黑前抵达目的地。这么多年，大家没发生过什么特别大的意外。

这条路，从初中到高中，我一走就是六年，它磨炼了我的性格。后来，我还喜欢上了走这条路。后来，条件好一些，很多时候，我是可以从家里直接搭中巴车到县城的，但我还是更愿意和伙伴们走这条漫漫长路，或许是喜欢其间的趣味，或许也是为了逃避那难闻的汽油味吧。高三毕业了，大家免不了要到彼此家里去玩玩。我也邀请了几位要好的、居住在县城周边的汉族同学到家里。因为他们从来没有走过这种路，我便特意邀请他们跟我一起体验这种“艰苦”，大家听后都很兴奋。最终，这段经历成了他们永远难忘的一场“噩梦”，他们每次说起来都热情高涨。“噩梦”来自一段要走将近一个小时的“蚂蟥路”。由于这条路沿着水渠，很潮湿，草又很茂密，所以一到雨季到处都有蚂蟥。尽管大家已经提前在鞋子和袜子上涂了花椒，还用塑料袋做了防护，但依旧抵挡不住蚂蟥的攻击。没走多久，就有同学发出惊恐的叫声：“被蚂蟥攻击了！蚂蟥已经钻进袜子里了!”“啊，我的鞋子上，又有蚂蟥了!”“快，帮我摘掉这个蚂蟥!”“弄个艾草来，抓住它!”“把它斩首了!”“这东西怎么那么难取下来!”大家被蚂蟥深深地“伤害着”，不一会儿都见了血。越走，我们的步伐越快，越走，大家也越淡定，甚至有同学看到脚上有蚂蟥，还会说:“没事，再走一阵子，再积累几个了一起抓。”这次经历，倒是真正验证了“满灌疗法”的作用。

其实，这条出山路，风景是绝佳的。一路上会有清幽的竹林、潺潺的溪流、遮天蔽日的原始森林、高耸入云的参天大树、开满鲜花的草地；还有清脆欢快的鸟叫声、随处可见的野果子、突然窜出的哺乳动物、穿着厚厚衣服的放牧人；等等。若按今天的标准来说，我们算是在国家级自然风景区里“旅游”吧。回望这条漫漫的“上学路”，我非常感谢它。感谢它让我识得自然之美，识得山林的生命气息；感谢它培养我乐观、积极向上的生活态度；感谢它带给我们互帮互助、善尽彼此责任的意识；也感谢它见证着我的青春，见证着我的奋斗历程！我一直期待着什么时候，能再来走一走这条路，再来接受下蚂蟥的挑战。

罗木散博士的文章《翻越小高山》，我想不仅让我，也让其他很多彝族娃都深有感触。因为大家走出来的历程，都是“翻越高山”的历程。大家以持续的勇气和非常的幸运，翻越了那些遮挡眼睛的高山，改变了命运。这是我走过的一条真正的“上学路”，我想你们也有藏在自己心中的漫漫“上学路”，它见证了你们的青春岁月，见证了你们的欢快与苦涩。什么时候，你们也来讲讲呢？

作为班主任，
我来向大家交期中作业了

李权财

2021年11月15日，是我参加的“四川省高校第29届新入职教师职业技能培训项目”结束的日子。按照规定，我需要围绕高校教师师德修养、教书育人、教学教法等内容，以“做新时代学生的引路人”为主题撰写一篇学习体会文章。这也就意味着，自去年9月入职以来，在经历了2020年10月—2021年6月，学校教师教学发展中心组织的培训，2021年7月中旬，学校党委教师工作部组织的为期7天的集中线下培训，2021年7月下旬—2021年8月中旬，四川省高校师资培训中心主办、四川师范大学承办的集中线上培训，2021年8月15日—2021年11月15日，总计为25个学分的分散式网络拓展学习，2021年10月，“高等教育学”“高等教育心理学”“高等教育法规概论”“高校教师职业道德概论”四门课程考试后，只要我在系统上提交了这篇心得，以及一小段自己授课时的教学视频，我的“高等学校教师资格证”就可以到手了。大学老师们拿个教师

资格证也不容易，是吧？要参加那么多培训！但无论如何，想起来就要“持证上岗”了，我还是开心的！

那么，这篇心得我该写点什么呢？随便糊弄一下，写些放之四海而皆准，然后“重复率”可能还超高的内容？这不大像我的风格，于是我好好思考了一番。正好想到上周三，我完成了一件重要的事情：与班上的每一位同学都有了一次较为系统的交流。那干脆就简单总结一下我与大家交流的心得，作为班主任向大家交的作业，也作为我需要在系统内提交的学习心得吧。

作为大家的班主任，本学期我给自己定下的一个任务是：每次到光华校区上课后，都约几名同学交流，保证一学期下来全班40位同学全覆盖。于是我从9月22日开始，一直到11月10日（上周三），顺利完成第一轮任务，与40位同学都有了面对面的小范围交流。9月22日，我先约了潘传煜和杨婷同学。最先想到要约她们，是因为她俩是大家刚刚选出来的班长和团支书，我作为班主任需要尽快和她俩沟通、协商，看如何更好地为大家服务。在这次交流中，我和她们说，除了日常的上传下达之外，还可以再从别的方面努力，朝着建构温馨、友爱、互助的班集体方向发展。之所以会这么讲，是因为我认为一个集体好了，个人也会好起来。当然，集体好起来的前提也是集体支持每个个体的积极发展。这是一个相辅相成、循环往复的过程。我想大家作为班集体的一员，一定有些集体性的东西，是值得去付出、值得去追寻、值得去铭记、值得去回味的。第一轮的交流从潘传煜和杨婷开始，最后也是以她们结束。第一次约她俩更多是因为她们的班干部身份，讨论的是班级建设和服务问题；第二次约她俩，则为了了解她们作为班级成员的情况。

我想起来一件有点“遥远”的事情。我在读本科的时候，某次学校团委做全校的学生团支部书记培训，我们班受邀作为优秀班级到现场分享经验。发言的稿子是我（班长）和崔萌（团支书）一起，一字一句讨论出来的。我还记得那个场景——下午没人的餐厅，每当经过冥思苦想得到一个很精彩的表达点时，两人像是中了百万大奖一样喜悦！在分享会上，她来讲，我站在一旁放 PPT。我们分享的主题是我们班（江南大学法学院社会工作 0903 班）一直以来的口号“我爱我班，温情社三”。没想到的是，分享结束后，很多团支书同学都过来加我们的 QQ、“拷”我们的 PPT，他们说真的很受感动。那段时光，至今日回想起来，都会让我心存幸福。所以，我也特别希望你们也能收获一段难忘的同学之情，度过一段美妙时光。

既然是汇报，首先，我先“吐槽”一下自己吧：虽然大家的面孔我都很熟悉了，但仍有个别同学的名字我没记住。某天，我就被某同学批评了：“老师你都问了四遍我的名字了！”她批评得特别好，我想，自此过后，全班40位同学，忘了谁的名字我也不会忘记她的名字了。哈哈！不过放心，我会努力，把大家的名字全部都记住。

其次，我也想谈几点我的感受。第一，大家在学习上比我想象得要更认真。在上周二“志愿服务”课程的结业感言中，我有一个疑问：你们本科学习时也这么认真？也是每次上课提前10分钟就到齐了？结果我被某同学“纠正”道：“咱宿舍哪儿是提前10分钟到教室，少说也是半个小时嘛”。我想，这位同学的话应该不是开玩笑。有人认为读硕士只是为了一个学历、一张文凭，但在你们身上，我看到了你们对硕士学习的敬意和投入，非常好！你们这么认真，老师们也会更认真。第二，每个同学在我眼中都是丰富的、立体的。与大家的交流，让我在心中形成关于40个人的不同印记，而非单一的“2021级社会工作硕士班”之整体印象。这也提醒我不能忽略个人的想法，要尽可能关注个体的发展，照顾到不同人的特点。第三，我也在想，你们与我们读硕士的时候相比，是更有个性、更多元、更有想象力，也更有闯劲了吗？好像我自己也不确定。或许是因为我和大家的交流还是比较“正式”，你们没有放松地展现出来自己独特的个性；也可能是因为课程任务重、学习压力大，你们很少有时间去“放飞自我”。希望大家借助校内外的平台，勇敢地自我发展吧！第四，大家都很关注自己的生涯规划问题，希望有相关的经验可提供。在这方面，我作为班主任还有很多事情可以做。之前，我们已经开展过关于读博的沙龙分享活动，后续还有很多其他活动可以举办，以期覆盖更多人的兴趣点。第五，越是与大家交流，我越能明白自己身为大学老师的价值之所在。大学老师具有多重的使命和责任，教学、科研、社会服务、国际合作与交流等，社会工作专业的老师更是如此。我想，无论是得天下英才而教之，抑或是把天下人培养成英才，皆是老师们非常重要的成就感来源。

再次，大家提出来的一些具体问题，我会尽力去沟通和反馈。比如，有不少同学谈到，希望“统计”等基础方法性的课程可以提到第一学期来上，为课程/毕业论文的写作打下坚实的基础。还有不少同学希望实习的安排更具有弹性。他们觉得实习任务较重，可以在寒假期间就开始实习。因为漫长的寒假，除了春节 7 天，还有大量的时间可以利用。也有同学委婉地反映，课程真是不少，并且理论较多。原本以为读专业硕士，可以到处去参观考察、参与实务项目，结果发现被课程“绑定了”。他们建议在课程中融入更多实践内容。另外，大多数的同学都反映，光华校区的学术资源与柳林校区相比还是少很多，以至于需要频繁地往返两个校区，而一来一回的时间成本为 2 小时，耗时耗力。大家希望今后柳林校区的学术活动能够进行线上直播。我觉得这些都是很好的问题，很实际，值得去用心解决。

最后，其实也想再问问大家：半个学期过去了，你们过得好吗？你们离自己当初设定的目标更近了吗？你们是更迷茫了，还是更有信心了呢？你们还有什么愿意再和我分享或向我反馈的？若有，给我发邮件、发微信、发 QQ 都行。无论如何，有困难、有问题，欢迎继续来找班主任，需要我去做的，我一定会努力。

如果毕业了不做社工，所学的专业知识还有什么用？

李权财

最近见了很多社会工作实务界的朋友，大家吃饭交流，常会谈到社工人才的招募、培养，以及流失等问题，然后大家半开玩笑地把为社工机构培养输送人才的重任交到我这个社工老师身上。这让我想到，毕业后，你们中有多少人会留在社会工作这个行业呢？我自己也经常被人问：“是什么让你选择了这个专业？又是什么让你坚持了下来？”其实我是自然而然地选择了社会工作专业。这个过程中，专业和行业给了我机会，我也把握住了机会，就沿着这条道路，顺其自然地走了下来。如果大家毕业后进入了社会工作行业，老师肯定会觉得很开心，毕竟从行业发展层面来说，多一个人从事本行业内的工作，也就多了一份行业内的力量。如果将来大家去了别的行业，去到了你们感兴趣的、愿意投入热情的、能持续不懈拼搏的领域，我也会发自内心地支持大家、祝福大家。

不得不承认，时至今日，社会工作依然是一个需要不断主动展示自己的价值和意义，从而赢得社会各界认可与支持的专业。刚好前不久，我看见一则信息，大致的意思是某准大学生在“知乎”里提问：“我被社会工作专业录取了，感觉要‘完’，怎么办?”评论区里，有人“哈哈哈”，有人耐心劝解，也有人调侃。而我想说的是，如果你将来到了别的行业，你所学到的社会工作知识也一定是有用的。至于如何有用，我想再和大家交流一下。

首先，社会工作对“理想社工人”的要求还真是不低：要会写方案、会设计活动、会主持活动、会总结活动；要能撬动资源、联结各方；要对得起服务对象、要能向项目购买方交差，还要能应对来自各方的“监管”；要持续保持热情，同时还要消化一些负面情绪……看，一个人要是具备了这些素质，那多优秀啊！这样的人，任何行业都很欢迎！那么，这些综合能力你们养成了吗？当然，你们可能也想反问我：“老师，你具备这些素质吗?”我想说的是，不要盯着“社会工作行业”这几个字，而要关注“具体能力”，有目的性地去充实自己。

其次，不管你本科学习的是什么专业，至少你在准备考研的过程中，已初步了解了社会工作的基础知识。个案工作、小组工作、社区工作这三名词，早已烂熟于心。既然决定报考社会工作专业，那就索性尝试着掌握三大方法吧，即便将来去了其他行业，也是大有用处的。个案工作，教会你怎么处理好一对一的关系、如何实现个别化、如何做好重点攻关工作。小组工作，教会你怎么利用团体动力、怎么形成合力、怎么开好一次会、怎么带好一个队伍、怎么融入一个团体。社区工作教会你怎么撬动、挖掘内外部的资源，如何塑造一个良好的组织环境，社区工作是具有政治性的。

最后，你们自己也常说“理论是专业实务工作的基础”，即便将来没有进入社会工作行业，多学点理论也挺好的。社会工作常用的理论之中，精神分析理论、认知行为理论等，能帮助你们更好地去分析自己，寻找方法改变自己；危机介入模式，能让你们在危机之中理性地看待自我，保持“镇定”，尝试把“危”变为“机”；任务中心取向，让你们在繁杂的事务中，梳理出线索，解决关键问题，走对路、走好路；系统和生态理论，教会你们如何塑造多元的支持系统，获得更多、更有效的支持力量；优势和增权观点，让你们在丧失自信时重拾勇气、补充知识和能力，从而获得更多发展的可能。

你们看，社会工作虽是一个行业，但它绝不是一个狭窄的技术领域，而是一种关于人与环境的认识论和方法论。它不仅教你们认识人与事、认识社会，而且教你们如何做人做事，如何行走社会。所以，在学习期间，不妨多去了解专业知识，多抓住实践机会锻炼自我。这样，你们就会有更多成长的可能。

以上几点，既是与大家共勉，也是对我自己的督促和激励。总而言之，不管将来你们在什么工作岗位上，只要能够发挥社工的精神，就是成功！面对专业，我们要有一种“大社工”的心态。最后，也问你们一个问题。今年年初，曾有位老师问我：“权财，你们学社会工作专业的，学久了以后，是不是会很柔性地、很温和地看待诸多社会现象？会更加友善地对待他人？”我当时怎么回答的，已经记不清了，但是他的问题我倒是一直铭记。记不清，或许是因为我对自己当时的答案并不满意，又或许是还在寻找答案的旅途之中。对于这位老师的问题，你们又怎么看呢？

我们把研究做完了，
但是我们的研究对象有在变好吗？

李权财

最近线上的学术会议非常多，涉及的内容也非常多元，若是用心留意，总能找到你关注的内容。若是有自己感兴趣的，不妨多去关注和参与一下。这周末，北京大学社会学系与香港理工大学应用社会科学系合作举办了“社会工作实践研究”的国际研讨会。不知你们有没有关注？我呢，很关注实践研究，所以用心听了其中的大部分内容。在一天半的时间里，一场主旨发言，外加五个主题论坛，内容可谓十分丰富。讲者涵盖了海内外社会工作实践研究领域的“大咖”和新秀，算是绝对的豪华版阵容。我想特别分享一下周日上午的主题：社会工作实践研究的伦理文化敏感性。在报告部分，Lena Domineli 教授、童敏教授等四位老师做了非常精彩的分享。在此阶段的评议环节中，陈沃聪教授做了很棒的评议。陈沃聪教授在评议的时候，讲了他在一本书的首页上看到的故事，让我感触很深，在此与各位分享。

故事大致讲的是：一位研究家庭暴力的学者，因研究的需要，来到一间家庭暴力庇护中心，约了一位遭受家暴的妇女做访谈。在访谈之前呢，按照学术研究伦理要求，这位学者要先告诉她这项研究的背景、研究资料的使用、过程中访谈内容的保密性、被访者可以随时要求停止等，以确保这项研究是符合伦理规范的。然而，这位妇女却说："你可以直接开始了，这些我都知道，因为在你之前，已经有很多学者对我进行过访谈，这些我已经听过很多次了。"这位妇女又说，那些采访过她的人，已经发了文章，他们有些成了大学的老师，成为副教授、教授。然而，她的问题似乎还是没有得到解决。

这是个有趣的故事，也是个让人伤感的故事，更是一个值得深思的故事。这些研究者是有伦理的吗？从程序的层面看，当然有，作为研究者，他们比谁都懂"伦理"。但是，问题的核心是，研究者从研究对象那里获得了实在的利益，但是却没有给研究对象带来实质的改变，这真的符合伦理吗？那么，研究的目的是什么？研究者进入到田野中，只是为了获取资料，只是为了写论文、评职称吗？研究者有真正地关心、关怀他们的研究对象吗？研究者真的希望能为研究对象带来一些实质性的改变吗？如果更多的是为了达到个人目的，那么，研究者是否做到了坦诚相待，是否对被研究者的帮助表达了感激？之前，我看过一些在贫困地区做的关于弱势群体的研究，研究本身是非常有特点的，甚至成为一时的"经典"，研究者也因此在学界获得极高的声誉。但是，从被研究者的视角来看，研究不但没有给他们带去实质的改变，反而对他们造成了类似“污名化”等困扰。这种不利的影响，甚至由于连带效应，波及被研究者所属的整个地域和族群，产生了更多的不良后果。

当然，我们不可能要求所有的研究都可以直接或者间接造福被研究者，因为不同学科的性质有差异，研究的目的和价值也不相同。但社会工作是一个实务的专业，其研究更多是为了发展和改善，是为了增加服务对象的福祉。可以说，很少有其他专业比社会工作更务实了。受专业特性的影响，社会工作的服务对象大多都是社会上的弱势群体。连带地，社会工作领域的研究对象也经常是各类弱势群体。也因此，我们在从事社会工作研究时，更需要高度重视研究的伦理，不仅包括形式上的、程序上的，更包括实质上的、结果上的。

伦理，顾名思义，人伦之理，处理的是基于人性的、感性的人际关系，是人与人相处应该具有的态度和做法。我想，不管是“研究的伦理”，还是“实务的伦理”，或者其他方面的伦理，最终都需要回归到最基本的人与人之间的关系道德上，回归到尊重、平等、关怀、互惠等最根本、最质朴的价值上。

谁不向往美好生活呢？

在凉山的田野里我的所见

李权财

转眼成都的冬天又到来了，在阳光不多见的日子里，希望大家能感受到人与人之间的温暖。于我而言，冬天似乎总是能带来调研的契机。去年 12 月 16 日至 12 月 31 日，我一个人去了凉山州美姑县、金阳县、昭觉县、布拖县、越西县、喜德县（都属大凉山）的六个安置规模在 6 000 人以上的大型易地扶贫搬迁安置社区。而今年，11 月 29 日至 12 月 3 日，我（这次不是独自一人）又到了凉山州喜德县和越西县、乐山市马边县（小凉山）的大型易地扶贫搬迁安置社区进行走访与调研。冬天的大小凉山，少了蒸腾的水汽和葱郁的绿色，群山蒙上了一层黄灰色，但也许正是这种沧桑感，让平凡人的生活故事显得更加动人。

11 月 30 日上午，我在喜德县最大的易地扶贫搬迁安置社区——彝欣社区，参加了光明镇社工站的启动仪式。仪式现场，我也通过腾讯会议向大家进行了直播。不知道你们在观看直播时，除了看到与众不同的民族服饰、现场直白又有趣的对话之外，还有些什么感受？反正，我是深有感触，在课堂上我将结合讲授内容进一步分析。在这里，我想分享这一周考察调研中遇到的两位彝族妇女的故事。她们极其普通，跟千千万万彝族妇女相比，并没有什么特别之处，但在社会大背景下，她们又显得那么不平凡。

11 月 30 日下午，在彝欣社区参加完社工站的启动仪式、结束了社区坝坝座谈会后，我们来到喜德县一个普通的彝族村庄，想要了解脱贫攻坚后，普通彝族人家的真实生活状态。大家顺着村庄的道路随意地走，最后来到一户彝族人家，跟随 60 岁左右的女主人（男主人在房屋边上，辛勤地编织着各种竹器），来到她家的茶叶田里。一路上，我看到她精心打理的菜园里，种植着各种圆根萝卜，甚是诱人。我向她讨了 3 个，直接咬开皮就吃了，甚是满足。数亩的茶叶田，被主人用泥土砌的整齐的围墙精心围起来。女主人不时向我们介绍自己种植茶叶的历史：这块田是 3 年前种的，收获的茶叶去年卖了九千余元，茶叶多少钱一斤；那块地是去年种的，专家告诉她要怎么剪叶子，怎么整理土地；旁边的地，则是今年 3 月才种的，期待能早日开花结果。她神采飞扬，充满自豪，言谈之中，满是作为一个农人，对土地的浓厚感情、对农作物收成的期盼、对未来美好生活的憧憬。

看完了她的庄园、她的茶地，大家又一起来到她的家中。进屋后，她第一句话便是要去做饭，要煮点腊肉给我们吃。但我们拒绝了。其后，在我们停留的三四十分钟的时间里，类似的话她差不多说了十遍，是发自内心地想要做饭给大家吃。她在堂屋里，热情地介绍着刚过去的彝族年杀了两头猪，不少猪肉拿去拜年了；也很骄傲地诉说着子女的工作和学习情况。过了一会儿，她从锁着的柜子之中，拿出家里的“宝贝”——各类彝族漆器。她介绍：哪个是装烧肉的，哪个是汤勺子，哪个是盛汤的；一般什么时候用；为什么还留着这些器具……走访快结束时，我提出能否请她和大家一起拍张照片。她微笑大方地给了我一个眼神，然后回到了屋里。几分钟之后，她穿着精致的传统彝族服装，佩戴着稳重、古朴的彝族银饰高兴地走出来。爱美之心，人皆有之！而此刻我觉得，这位普通的彝族妇女是最美的！

12 月 1 日，我们一行人在越西县城北感恩社区结束了有社区书记、民政局干部、外来社会工作者、本土社会工作者共同参加的社区坝坝座谈会后，开始在社区里四处看看。大家准备进入某户安置居民家中，感受下他们的新生活。我们一连在两栋大楼下都遇见几位正在聊天的青年妇女，本想去她们家看看，结果她们还都是来串门的，不住在这栋楼。再往前走了走，一位看起来接近 70 岁的“奶奶”朝我们走来，她身形瘦弱，背着很重的货物。简单交流后，她微笑着说：“去我们家看，去我们家看。”于是，我们一起跟着她去到她位于 5 楼的家中。一进屋，她就拿出各种水果、零食、饮料，热情地让大家“吃、吃、吃”，然后很多次告诉大家“坐、坐、坐”，她要煮腊肉给我们吃。她的家中有个 10 岁左右的孩子，一开始大家都以为是她的孙子。我用彝语和她攀谈后才知道，这个小孩原来是她最小的孩子，今年 11 岁，还在读小学。其实“奶奶”今年才 50 多岁，有 4 个孩子，孩子们都还在上学，其中有两位大学生。从原来的居住地搬迁到安置社区后，子女的教育负担沉重，她远赴山东去务工，成为一名钢筋工，干着工地上最脏、最累、最苦的活。要不是她自己说出来，我们真的想象不到这样一位看起来年龄已经很大、体重也就不到 100 斤的妇女，还能干钢筋工的活。这次，她是回来陪儿子过彝族年的，等再过几天，她还要再赴山东（丈夫还在那边），继续去做工。同行的人，都赞叹不已，为她的母爱感叹，为她的坚韧感叹，也为她的辛勤感叹！

这样的故事、这样的人物，在短短数天的行程之中还遇到很多。我想要和大家分享的是，像凉山州这样曾经作为脱贫攻坚的主战场，经济发展相对滞后，当地人民对于美好生活的追求和向往表现在方方面面，让人动容。在这样的向往之下，他们努力奋斗的样貌，他们吃苦耐劳的精神，是值得歌颂的。然而，社会上有一些声音，认为这些地区的民众是“懒惰的”“不思进取的”“愚昧的”“落后的”。这样的刻板印象、这样的叙事模式如果不加以改变，对这些地区的民众而言，就是不公平的。而相反，我们身处在大城市，享受着现代科技带来的便利，感受着现代的生活方式，不时体验灯红酒绿，有些人是真的失去了奋斗的精神，成为“躺平族”“啃老族”。我深深觉得，贫困地区人民对美好生活的向往，以及艰苦奋斗在当下的精神，在当今的社会中已经成为一种难能可贵的精神。

那么，作为一名社会工作者，我也应该有所反思：不要觉得自己一定就比别人强、比别人厉害，说不定我们对工作、对生活的热情，还远远不如别人。因此，我们要更加尊重他人、充分尊重他人。我们要理解一点，他们所处的环境，他们的生活与成长的背景，他们所拥有的资源，与我们（助人者/上位者）相比，还是有不少差距的。所以，不妨少一些指责、多一些体谅，更要多给他们一些有效的支持和协助。

我们天天都在讲文化，可文化究竟在哪里？

李权财

咱们这门课是“民族、文化与社会工作”，课堂上天天讲文化，可文化究竟在哪里？其实，文化就在我们的生活中。这次分享，我将采用平实的描述——这种我觉得最能真实反映文化的表达形式，向各位讲述刚过去的一段只有38小时的经历。我将以从诚实和翔实的描述，带你们去看看彝族文化在哪里。

飞机9点51分降落在西昌。朋友如约来接机。这位可能多多少少受到一些我的影响，然后主动从西昌市级机关申请到脱贫村驻村的朋友，一路上向我“吐槽”村里的各种“奇葩事”。他讲得不温不火，我听得倒是津津有味。说话间，我们就到达了目的地附近。这次回凉山是为了奔丧，原本是要等着与我母亲汇合后一起前往的，可提早到达了，而母亲晚点了。若要等到与母亲会合，至少还得两个半小时，遂鼓足勇气一人前去奔丧。我从来没有独自去奔过丧，内心多少还是有些忐忑，有些担心自己面对某些情形可能不知如何应对。在离目的地较远的地方，我就听到了此起彼伏的电子火炮声。在距目的地大概还有400米的地方，我让送我的朋友掉头回去了，我自己走路过去。

在这段400米的路上，有前去奔丧的，也有结束后回程的。我被问了至少10次："你来了？怎么来的？"其实他们并不是真的要问我，而是以"问我"的方式来和我打招呼。到了主人家，院坝中已经挤满了人。在人群中，我看到了逝者的两个儿子，他们正在张罗着各种事情。我们不约而同地走近对方，握了握手，我拍了拍他俩的肩膀。复杂的情感之下，一时间我也不知道说什么才好，也许千言万语就在这一个握手、一个拍肩膀的过程中传达了吧。我知道他们理解我的意思。

我稍微整理了下情绪，走入灵堂。不到40平方米的房间内坐满了人，一眼望去大多是熟悉的面孔。在灵堂的四周，坐着的皆是女性，她们不时用特别的彝族语言诉说着自己的哀伤，缅怀着逝者。每个人的言语都不尽相同。透过他们的诉说，我逐渐了解了逝者丰富的人生经历及其对家庭、对家族、对社会的贡献。在灵堂的墙上，挂满了前来吊唁的妇女们带来的头巾和布匹，并且越积越厚。在灵堂的最左边，则坐着十余位年纪较长的彝族男性。他们倒没有哭泣，而是相互之间说着话，一有人进来目光就跟着移动。这样的场景不断地重复着。灵堂里一直满满的都是人，大家都是逝者的陪伴者、追悼者。我想，逝者一定知道有若干的亲友陪伴着他、守护着他，他是不孤独的，也是不悲伤的。逝者之所以在最后的关头不恐惧、很安详，是因为有了这些亲友的陪伴。

从灵堂出来，我被安排在逝者两个儿子的一群同学中间坐下，并被介绍给大家，也被要求要去打一圈酒。与大家简单地交谈，了解了彼此的基本信息后，我绕房屋走了一圈，这时候遇到了更多的亲戚和朋友。短短的 1 个小时，我与很多人都简单地聊了聊，内容不外乎是家人的健康状况、子女现在工作情况、生活过得怎么样，等等。再过了一阵，到了中午，我被好几拨人叫着去吃午饭。我跟随几位熟悉的亲戚去到了吃饭的地方。吃饭的地方被安排在附近的邻居家，邻居也是逝者的亲戚。邻居们挑起了煮饭、做菜，安排人吃饭的重任，人多而不乱。

同桌的有不少人。我对面是一位 80 多岁的叔叔辈亲戚。尽管他年事已高，但身体依旧健朗，还能每天到山上放羊，每年皆有数万元的卖羊收入。右手边，是两位有些面熟，但叫不出名字的中年男性，整个吃饭的过程中，他们都很少说话。左手边，坐着一个要叫我“舅舅”的、刚刚大学毕业 5 个月、在西昌一家医药公司工作的女生。我问她为什么没选择在成都工作，而回凉山。她则回答，当时什么都没想，只想着离家近些就很好。我想，正是像她这样的人，支撑起了一个个小县城的人才体系。在她的旁边是两位中年的彝族妇女，她们穿着传统的彝族服饰，不时和大家说着话，谈论着家里的各种事情。再过了一会儿，菜上来了，有大块大块的坨坨牛肉，凉拌家禽肉、萝卜丝，彝族人爱吃的凉粉，以及常规的回锅肉和青椒土豆丝等。这是一场结合了彝族传统饮食文化与现代饮食文化的宴席。

开饭后，我发现桌面上只有几只碗，不够一人一碗，便对端菜的几个年轻人（这种场合，负责端菜的一般都是村子里年轻的男生）说，还差几个碗噢。但结果是我搞错了，另外几个碗已经被我旁边的女生拿去盛饭了。她主动给桌上的每一个人盛好饭，并一一端上来。中间有人吃完了饭，她又主动去给添上。我经常听朋友们说，如果你娶到一个彝族的姑娘，你肯定会非常幸福，我想大家多半就是基于此而说的吧。若要是反过来呢，要是嫁给一个彝族男生会怎么样呢?

很快吃完午饭，我又回到主人家的屋子，并去灵堂看了看。过后就坐在几个熟悉的人旁边，和大家慢慢地聊了起来。在15分钟左右的时间里，至少有5个人来给大家发烟。这是主人家安排的任务。尽管我不抽烟，也一直在摆手，但发烟的人从没有忽略我。

再过了一会儿，母亲来了，她身高1米70左右，穿着彝族传统服装，很显眼。逝者是她的表哥，按传统，她唱着彝族传统的哭丧小调走进来，身后跟着几位同来的亲戚。母亲虽然没有上过一天学，但却是亲戚朋友们公认的“能干人”；按照村里的标准来说，她也算是“口才很好”的人。在我眼中，母亲既是个“能干人”，也是个情感非常细腻的人。看到她难过的表情，我内心很是复杂，坐在原地，没敢去和她眼神对话。母亲在灵堂里至少坐了1个小时才出来（晚上她坐了更久的时间），这也是她对亲戚最后的陪伴吧。母亲出来后，我和她交流了一阵子，聊了聊家里的最新动态，以及他们天天都在忙些什么等。

下午四点多，逝者两个儿子在成都、重庆等地的亲友，驱车到了现场。我则继续被安排任务。“这些人你来接待最合适，要照顾好人家噢，你们都是成都的。”这些远道而来的亲友，和其他所有人一样，先去灵堂祭奠逝者，然后陆续走出来围坐在一起。有年轻的小伙，在没有开瓶器的情况下，熟练地用手开着一瓶又一瓶的啤酒递给每一个人，并逐一地敬起酒来。很快，我也主动和大家交流起来，介绍了自己，也一一敬了酒。没等我敬完一圈，堂屋内又出来了不少彝族男性长者，以及一众年轻的女性家属。一位威望颇高的彝族男性长者，拉着逝者5位子女的手，依次介绍给在座的每一个人，并诉说逝者的故事，也表达对远道而来的各位亲朋好友的欢迎和敬意。他讲完后，一位从成都来的彝族朋友，用非常熟练、非常具有哲理的彝族谚语，回应了刚刚那位长者的致辞。转过来，主人家又有另外一位长者开始说话了，句句话都是情深意切，处处都是传统格言，既宽慰了每一位在场人的心灵，也表达了对逝者的尊敬。紧接着，成都来的另一位客人，也开始回话，发言依旧精彩。

这时，我开始有点紧张，因为我估计自己稍后多半会被叫起来，说上一段话。我脑海中很快浮现出逝者的诸多画面，想到我和他互动的点滴事宜，再想到一些前言和后语，架构起一个大致的发言内容框架，内心淡定了很多。结果还没轮到我发言，就有人通知让十余位从成都、重庆赶回来的朋友去吃饭。于是，才吃过饭的我，又作为“坐陪”人员，和他们一起去吃饭了。在吃饭的短短 30 分钟的时间里，至少有 8 拨人前来敬酒，大家站起来、坐下去，几乎就没有停过。我只听见坐在我旁边的一位成都朋友，不时地说道：“这个地方的人很团结噢，他们很团结。”吃完饭后，我找到了自己的亲戚朋友，和大家都聊了聊，拉了拉家常。

天黑了，人们以职业、地域、性别为区分，在寒冷的夜晚围坐成一圈又一圈，我也加入了大家，在不同的圈子聊聊天。这个家庭的人脉很广，人缘很好，来的人很多。我在教师圈、老家圈、父母的亲戚圈、成都重庆圈，继续着下午没说完的话题。天越来越冷了，主人家烧起了数堆柴火。在这个时候，就能感受到为什么说彝族人是火的民族，火烤得人热热的。我又去灵堂看了看，母亲几乎一整夜都待在里边，里边也非常拥挤，坐满了陪伴者和守夜人。那些围坐在一起的男性们，这时候也开始发挥了。他们数人一组分批站到灵堂的门口，唱着曲调鲜明的彝族歌曲。各种深远的拉长音，营造了让我难以用语言描述的意境。此种情景延续了数小时，一拨人结束了，另一拨人又进去了。我想这一定是人们对逝者最好的悼念，也是对亲友们最大的宽慰。转眼间到了夜里 11 点 30 分，我因为还有艰巨的工作任务，并不敢陪伴大家到通宵，遂先去了住处。

第二天一早，待我再回到主人家时，逝者已经被抬到山上准备火化（当地的彝族实行自然火化）。主人家以户为单位，给每一个在场的人发了两个馒头，一小袋坨坨肉。经过询问，得知当天早上共发出了 600 多袋肉。据言，整个丧礼期间，共宰杀了数头牛，还有不少其他牲畜。没吃完的肉，最后都分给了大家。我继续在主人家坐了坐，和还在场的亲戚们聊了聊。到了早上 10 点 30 分，我需要赶去参加其他活动了，遂特意和逝者的两个儿子告别，也请他们多节哀。这时，若干勤劳的彝族妇女已经在帮助主人家打扫卫生、收拾房间了，路边散落的垃圾也被一一捡了起来。下山的路上，我回头看了几次。只见不远处的山上，一股股青烟袅袅而上。逝者随着这股青烟，回归了自然，也回归到祖先出生的地方。

回到我们的题目，文化究竟在哪里？通过上面的文字叙述，你们可能会或多或少有所感受。人们对死亡的理解、对丧礼的仪式性安排、对逝者家人的安慰、对前来奔丧的亲朋的接待等，都蕴含了浓浓的彝族文化气息。文化很多时候是体现在细节处、微妙处的，你好像摸不着、碰不到，但它又时刻影响着我们的一言一行，影响着我们对周围世界的理解。同学们，今后不论从事什么工作，都要理解不同文化群体的特质、表现、需求等，这具有突出的现实意义。

年底遇上期末，忙碌中如何保持干劲？

李权财

要问工作的人什么时候最忙，可能很多人都会告诉你，年底是最忙的。这时候要忙于写工作总结报告，还要忙于做明年的工作规划；也有忙于补各种漏洞的，或忙于走访慰问的；等等。若要问在读的学生（尤其是文科生）什么时候最忙，大家一般都会说期末最忙。要忙于写课程的论文，忙于准备期末的考试。秋季学期的期末，正好又是年底，真可谓是忙上加忙。而要问大学老师什么时候最忙，可能很多人会告诉你寒假里最忙，因为要忙于申请各种研究项目，要忙于写科研论文等。

今天是 2021 年 12 月 23 日，我特意去微信朋友圈看了一下，去年今日我在哪里，我在干什么。去年今日，我一个人去到了四川省最大的易地扶贫搬迁安置社区——安置的人口超过 1 万人的凉山州布拖县依撒社区进行调研。在那里，我与社区书记吉伍扯子成了好朋友。吉伍书记非常认可社会工作专业，也非常支持社会工作力量扎根依撒社区。他从工作与情感等多种维度，给入驻社区的社会工作者提供了尽可能的协助，也与社会工作者们相处融洽。正是在他的尽心支持下，结合了外来与本土力量的社会工作服务团队已在依撒社区扎下了根，并取得了不错的服务成效，受到了各界的广泛关注。前去参观学习的单位络绎不绝。后来我还请他给学院的党员师生们做讲座。这场讲座是在驻扎在社区的社会工作者的协助下，在社会工作者的办公室里远程进行的。

吉伍书记平常的工作较为繁忙，遇到突发情况或有紧急任务时，会加班到凌晨。同样，你们一位已经毕业几年的学姐，因为对工作负责、踏实肯干，已成为凉山州昭觉县的一名青年干部。她的工作也是忙碌而充实的。

于你们而言，马上要期末了，时间也是被切割得零零碎碎的，要想有一段完整、连续的时间，那也真是不容易的事情。期末是验收成果之时，是“难过”的、“难熬”的，但该交的作业还得交，该考的试还得考，该准备的案例大赛还得准备，该干的都得干起来。作为任课老师，作为班主任，我想说几点。

第一，可能关关都难过，但关关还得过。可以埋怨、可以“吐槽”、可以郁闷，但基础性的任务要努力正常完成。该完成的工作无论如何，一定都要想办法完成，特别是重要的任务，绝不能轻言放弃。一步步地闯关，到了某一刻你可能就会豁然开朗，可能就进入更理想的新世界了。

第二，以目标为导向，抓住重点工作。即使信息太繁杂、事情太多，也要清晰地知道自己的目标是什么。只要有助于目标达成的，那就加油去干，争取越来越靠近目标。其间一定会出现诸多搅扰你、让你烦、会耽误你的事，要尝试去放下，让自己有一颗没有负担的心，然后努力向前。这样你会开心一些，也会更有韧性一些。

第三，尝试不断提高自己的学习与工作效率。这个事情，在任何时候都要持续推进。那怎么提高效率呢？我的体会是：首先，用心地投入，不要凡事都想着简单糊弄，往往越这样越想不出来该怎么办；其次，要结合自己的切身经历，找到自己感兴趣的地方；再次，尝试从索然无味之中，找到能够激发自己效率的关键点；最后，只有平时多积累，到真正用时才自然得心应手，才能在之前的基础上持续地精进与完善。

寒假到来了，我们可以做点啥?

李权财

大家刚刚考完了“高级英语”，也就意味着除了明天要参加思政考试的个别同学外，绝大多数同学本学期的考试都顺利结束了。我想你们每一个人都能顺利过关。总之，提前恭喜大家！你们打下了坚实的基础，未来定然可期！

首先，我想向大家简单汇报一下本学期我与各位交流互动的情况。

本学期有近 20 位同学修了我开的两门专业选修课。除了课堂内的教学活动，课前与课后我和这些同学也都有较多的接触互动。国庆节和元旦节，我在家里分别举办了一场沙龙交流会和一场餐叙会。你们中的不少人也来参加了，也都自然地展示了良好的风貌，一同参与的其他人也给予了你们正向的评价。虽然两次活动现场都有 20 多人，我无法与大家一一深入交流，但基本上还是借着碰杯的机会，和每一个人简短交流了一下，加深了我对大家的认识和理解。

在上半学期，我逐次和大家以“一对二”或者“一对三”的形式面谈过。每位同学，我都会问：“你对我们整体的培养模式有什么想法？你有什么建议和观点可以提供给我们？”也有一部分同学，通过邮件、微信、QQ 等途径对某些特定的议题与我进行了探讨，我也回应了你们的一些疑问。无论是与大家多渠道的交流，还是大家的真诚回馈，都给了我很多启发。基于大家的反馈，以及我对社会工作专业的理解，本学期我申请了两项教学改革项目。目前，一项已经获得学校立项，一项正在申请省级的教改项目。我想我们可以实现“教”与“学”的真正相长！仅从这点来看，我也要谢谢大家！

我经常说，我现在都是被学生带着“飞”的，要和学生们一起互助成长。本学期大家都在努力地奋斗，大家都很积极、很向上、很真诚，可塑性非常强，进步也非常快，很多老师都有同样的感受。我们既希望“得天下之英才而教之”，也在期盼“把大家培养成更好的英才”！咱们都要相信自己是有无限潜力的，只要有机会、有平台，愿意努力付出和认真奋斗，就有很好的发展机会。

其次，我想重点和大家交流一下，作为社会工作专业的学生，寒假到来了，我们可以做点啥？我想你们肯定会有更丰富的想法，我就权当自己的分享是抛砖引玉。

第一，用心陪伴自己的亲人，放下心里的苦恼，放下身边的闲杂事，与他们一起过个快乐的春节。我想，如果你硕士毕业后选择直接工作，并且远离家乡，那么，这可能将是你为数不多有充足时间回家过大年的时光。所以，这是陪家人过年的最好契机。

第二，发挥你的聪明才智，尽力增加家里的年味。现在过年，很多人都在说越来越没有感觉了。如果你也觉得家里的年味越来越不足了，自己也越来越没有过年的热情了。我的想法是，不要抱怨，积极做点事情促成改变。大家已经成长为家庭中成熟的一员，可以尝试去发挥点主导作用。比如尝试运用你所学的社工知识、理念、技巧，想方设法营造浓厚的氛围，至少可以在小范围内营造。可以安排一些仪式性的装饰，做点场景的营造，设计点别出心裁的惊喜。让你们家因为你的用心参与，而变得更温馨、更加有过年的氛围。就像我，工作以后，每次回家过火把节，都会去买一只羊和家人分享，这就为全家过火把节增加了很多有趣的瞬间。我最兴奋的就是骑摩托车去买羊了。

第三，用心了解你家乡社会工作发展的概况。一是可以去网络上搜一搜，看看你家乡所在的省份最近一两年颁布了哪些与社会工作相关的政策，这有助于了解整体的行业动态。二是可以登录你家乡所在地级市/州的民政局的网站，看看有哪些与社会工作相关的事情。同时，也可以看看民政局有哪些内设的部门，有哪些下属的事业单位，然后想想你将来有没有兴趣到这些部门去工作。如果有，再进一步思考有哪些路径可以去实现。三是可以去搜索一下当地有没有社会组织孵化园，有没有成立社会工作协会，有哪些代表性的社会工作机构。若有心的话，可以尝试找找他们的联系方式，主动创造机会去和他们交流一下。四是可以选择一个离你家最近的乡镇/街道社工站去参观和交流，在全国各地都在奋力推进社工站建设的大势下，探索社工站到底是怎么建设的，到底建成了什么样。然后把你的所见、心得记录下来，等到开学以后，我们兴许可以办一个沙龙活动，主题就是“寒假，我看见的社会工作”。

第四，如果你不想“折腾”，也可以按照自己喜好，找几本经典书籍慢慢地品一品，认真地读一读。如果不想用眼睛看，也可以戴上耳机听听课程。我知道一些很好的学习平台里，上面有很多优质的课程或者资源。闲时去逛一下，说不定就为你打开一个崭新的世界。或者拿出一段时间，什么都不要想，独自或和亲朋好友找个地方休闲一下，感受单纯的快乐，放空一下自己。上了一个学期的课，大家需要好好休息，给身体和心灵充充电。

第五，闲下来没事做的时候，可以想一想，自己后续究竟想走什么路，想往哪个方向发展，要通往这条路有哪些障碍，如何靠近想发展的方向。然后用心谋划一下，这样与下学期会衔接得更紧密，自己也会更从容一些，也会有更多的时间做针对性的准备。

第六，学期结束了，回家了，可以简单编辑个信息，向你的导师汇报下你整个学期的学习状况，也听听他对你有什么建议。

有人说，老师，我寒假根本就不回家，想回也回不了，怎么办？咱们班好像真的有这样的情况。我只是想说：放心！作为雪山下的公园城市、烟火里的幸福成都，成都的生活气息足，包容性强，在哪里都有适合过年的地方！寒假期间在校，如有什么我可以协助的，也不用客气！无论如何，争取把自己的寒假生活过得有趣一点、过得丰富一点。下学期我也将请一位有趣的人，来与大家分享“如何做有趣的社工人”。

最后，在这寒假即将开启的时刻，预祝大家回家的路上一帆风顺！祝在成都的同学们，吃得开心，玩得快乐！也祝大家过一个温馨的春节，收获满满！咱们下学期再见喽！

启程的社工之“行”篇

本篇主要讲述师生们一起在四川省凉山彝族自治州、阿坝藏族羌族自治州开展具有本土特色的社会工作专业实践之概况，并分享学生们的收获与成长。其中师生实施的“‘彝路相伴’凉山州大型易地扶贫搬迁社区治理项目”是主要的叙述线索。

彝路相伴，如何相伴？

李权财

一、与易地扶贫搬迁安置社区的相遇

2020 年 5 月，我即将从美丽的东海大学博士毕业，同时也确定了要到西南财经大学工作。某天，我刚从学校图书馆走出来，便接到了西南财经大学社会发展研究院领导的电话，告知西南财经大学即将要在凉山州开展一项易地扶贫搬迁社区治理项目，由于我是凉山州的彝族，也是学社会工作专业的，因此要好好参与这个项目，要多多发挥优势。通完话后，我赶快看了些关于易地扶贫搬迁安置社区的政策资料，也下载了国内外的一些相关文献来阅读，加深了对相关政策与实务的理解。彼时，我对这个项目究竟要做些什么工作、学校要如何参与其中、具体要达成什么服务目标、社会工作要如何发挥作用，还是不太明晰，但内心已经充满了热情，期待能深度参与其中。

2020 年 7 月 28 日，我顺利毕业，从学校返回了成都，准备完成隔离后正式到校报到。尚在成都的酒店隔离之时，我便接到在线上参加“‘彝路相伴’凉山州易地扶贫搬迁社区治理项目”方案筹备会的通知。于是，与川内诸位社工前辈的第一次见面会就在线上完成了。老师们围绕各高校如何参与“彝路相伴”项目、“厅—州—校”之间如何联动等问题进行了深入的研讨。通过该次线上会议，我也对“彝路相伴”项目有了更多的认知和理解。该项目采取省民政厅支持、市（州）为主体、高校指导、社工参与的“厅—州（市）—校—社”合作模式，通过以党建为核心、社区为平台、社工为纽带、社会组织为支撑的社区治理行动，着力构建“党建引领+综合服务+综治保障+科技赋能”的社区治理新框架，推动建设既有活力又有秩序的新型社区，防止搬迁群众规模性返贫。

2020 年 8 月 25 日，经过 14 天的酒店隔离，以及“7+7”天的自主健康管理，已完全恢复“自由身”的我，与学院的两位老师一起带着数位研究生，前往学校对口帮扶的凉山州美姑县最大的易地扶贫搬迁安置社区——牛牛坝镇北辰社区调研，为后续各项服务工作的推进打好基础。一大早大家就乘坐小巴车出发了，但因为山路遥远、道路不畅，我们花了近 12 个小时才到达目的地凉山州美姑县。在凉山彝族社会内部，可大致分为阿都、所地、什长、日诺四大文化圈。美姑县的文化是典型的日诺文化，在凉山彝族社会中具有特别的内涵。美姑县也被称作“毕摩之乡”。美姑县因为各个方面的原因，曾是全国的深度贫困县之一。坊间流传着“中国的扶贫看四川，四川的扶贫看凉山，凉山的扶贫看美姑”“美姑县是贫中之贫，困中之困，坚中之坚”的说法。在脱贫攻坚时期，美姑县是我们西南财经大学的对口帮扶县，师生们与美姑县结下了深厚的服务情缘。为了做好脱贫工作，解决“一方水土养不起一方人”的现实难题，美姑县大规模地实行了易地扶贫搬迁安置行动，将条件恶劣的偏远地区的数以万计的村民安置到了易地扶贫搬迁社区。

我们所要帮扶的北辰社区，是美姑县最大的一个易地扶贫搬迁安置社区，辖 1 695 户共 8 412 人。彼时，北辰社区才刚刚建成几个月，居民也刚搬到社区不久，各处都是一幅新面貌，已能明显感受到易地扶贫搬迁政策的巨大成效。从山民到居民，从大山到城镇，从土坯房到高楼，从散居到聚居，彝族搬迁群众的生活发生了巨大的改变。那么，搬迁后，如何在“搬得出”的基础上，朝着“稳得住，融得入，过得好”的方向迈进呢？这是我们非常关心的问题。于是，围绕易地扶贫搬迁社区治理的难点和痛点，我们在美姑县民政局、北辰社区“两委”的协助下，开展了深入的调研。由于当地不少居民不懂汉语，因此我们在社区内聘请了近 30 名当地高中生和大学生作为入户调查员，通过全覆盖式的问卷调查，收集到 400 多份有关社区治理的主题问卷。此外，我们还通过小规模的质性访谈和一定程度的参与式观察，收集到了更多的相关资料。

完成调研回到成都后，学院又多次组织大家召开研讨会，共同确定我们学校的“‘彝路相伴’易地扶贫搬迁社区治理项目”的服务方案。项目服务方案大致拟定后，与我们学校合作共同帮扶北辰社区的四川省光华社会工作服务中心，便先行派了社会工作者驻扎在社区开展服务工作，我们老师们则远程做一些督导性的工作。2020 年 12 月 15 日，经过为期数个月的准备，“‘彝路相伴’易地扶贫搬迁社区治理项目”三年行动计划的签约和启动仪式在凉山州昭觉县举行。参加完在昭觉县的项目启动仪式后，我跟随学校和学院的领导们来到北辰社区，一起参加我们自己的“‘彝路相伴，北辰星拱’服务项目”的启动仪式。

二、易地扶贫搬迁安置社区治理调研的再深入

那时期，我感觉到自己对易地扶贫搬迁安置政策的认识还不够深入，对搬迁群众现实处境的理解还不够透彻，对易地扶贫社区后续的治理重心把握还不够精准，因此，我还需要做更深入、更扎实的调研。于是，从到达北辰社区开始，我花了 16 天的时间，独自一人把项目涉及的美姑县北辰社区、金阳县东山社区、布拖县依撒社区、昭觉县沐恩邸社区、越西县感恩社区、喜德县彝欣社区跑了个遍。这 6 个社区都有一些显著的特

征。第一，安置人口的规模大，规模都在 6 000 人以上，其中依撒社区的人口超过 1.4 万人。第二，社区居民跨村组、跨乡镇组成。例如，美姑县北辰社区的居民来自 13 个乡镇的 62 个行政村。第三，社区成立的时间短，几个社区都是 2019 年下半年以后才陆续成立的，尚处于社区治理的初步探索时期。

每到一个社区，我都会采访社区书记、社区居民代表、本土社工和外来社工，并尽可能地多去观察，多收集相关的政策文件，多了解当地易地扶贫搬迁社区治理的具体做法。在美姑县北辰社区，我借住在社工们的房间里，并找机会给他们做了些培训。在金阳县东山社区，我认识了当地的诸多亲戚和朋友，通过他们的协助，顺利完成了各项调研任务。在东山社区，我亦认真采访了三位外来社工。在采访过程中，他们也主动问了我很多问题，交流非常愉快。其中，某位社工说的一句话，一直让我记忆犹新："李老师，说实话，在这个地方工作真的挺辛苦的，很不容易。但是今天你来采访我们，来倾听我们的服务故事，我感觉我们又多了一份坚持下去的动力。"

在布拖县依撒社区，我也同样碰到很多有趣的人和事。布拖县属于阿都文化的核心区，是彝族火把节的发源地，也是阿都高腔流传最广的地区，文化氛围浓厚。依撒社区的"依撒"，在彝语里是"好的居住地，居住得安心顺心，住得好"之意。彼时，依撒社区的社工站由来自成都的"有你社区发展中心"

建立，派驻有两位外来社工和两位本土社工。外来社工中，孙社工是我持续跟踪研究的对象。他拥有丰富的公益行业服务经验，相当有工作热情。他说就是喜欢到凉山州这样相对偏远、富有民族文化风情的地方工作。本土的菲社工也是我一直在持续跟踪研究的对象。三年来，依撒社区的社工们换了一茬又一茬了，而她一直在坚守，勤勤恳恳地做了很多工作。而社区的吉书记，我们一见如故，很快成为好朋友。他总是尽己所能帮助社工、支持社工，与社工们相处融洽。后来，我也曾邀请他走进我们的课堂，分享他的社区治理经验。实际上，于我而言，每次去凉山州开展项目，不仅是工作，同时也是反思和学习之行。

沐恩邸社区是昭觉县最大的易地扶贫搬迁社区。沐恩邸是一个明星社区，曾被国内外的新闻媒体报道，来参访的各方来宾络绎不绝。沐恩邸社区也是凉山州发展民族社会工作的前沿阵地，一直在积极探索本土民族社会工作的发展之路。越西县感恩社区则是越西县最大的易地扶贫搬迁安置社区。当地政府为了做好感恩社区的相关工作，给社区“两委”配置了强而有力的服务力量，其中社区书记和社区副书记都是政府的公务人员，都有非常系统的治理思路，也很有干劲。特别的是，社区“两委”也吸纳了一些拥有社工职业资格证书的人，他们能在工作中发挥社会工作的专业优势。彝欣社区则是喜德县最大的易地扶贫搬迁安置社区，又叫甘哈觉莫安置点。彝欣社区在社区治理方面做了很多探索性的工作，取得了显著的成绩。社区的吉力书记，很早前就接受过社会工作的相关训练，对社会工作专业的认可度高，对社会工作力量的接纳度也高。

这次为期半个月的调研，通过对各位社区书记正式与非正式的采访，与外来与本土社工的自然交流，与社区居民的深入交流，我对易地扶贫搬迁社区的理解更深入了，对怎么做好社区治理工作也有了更多的思考。

三、易地扶贫搬迁安置社区治理服务的稳步推进

完成该次调研后，我又先后多次参加四川省民政厅组织的“彝路相伴”项目培训与交流会，并持续与驻扎在美姑县北辰社区的社会工作者们保持联系，远程指导他们开展工作。2021年5月，学院邀请了美姑县民政局、美姑县委组织部、美姑县牛牛坝镇党委政府、北辰社区相关负责人到学校参加座谈会，一起商讨“彝路相伴”项目的后续服务计划。2021年7月，基于前期精心的规划和充分的准备，我们师生一行十余人，奔赴美姑县最大的两个易地扶贫搬迁安置社区，开展各项治理服务工作。本来，我们学校的帮扶社区只有美姑县北辰社区，但我们发现与北辰社区隔河相望的西荣社区，社区治理的各项需求同样明显，甚至更加需要服务。于是，我们主动把西荣社区纳入服务范围。我们紧密围绕当地社区的现实需求，面向社区的

弱势人群提供精准干预服务，面向社区“两委”开展成长增能培训，面向社区居民开展社区融合服务，并积极搭建参与社区治理的平台。同时，我们还尤其重视培养社区本土的志愿者，希望能够充分激发他们热爱社区、感恩社区、服务社区的意识，为社区留下一支带不走的服务队伍。开展服务工作的过程中，我们及时总结经验教训，并积极做好宣传工作。相关的服务事迹刊登在《中国社会工作》等刊物上，也一次次被中国社会工作教育协会的官方微信公众号所推送，持续受到各方的广泛关注。暑假的服务行动结束后，我们持续远程督导项目的进一步开展。比如，指导社区“两委”完善社区章程与村规民约。再比如，利用当地过彝族年的契机，指导暑期培育的本土志愿服务队伍在社区内开展“展风貌、谋发展、庆彝族年，我的社区我来建”彝族年主题活动，充分发挥了本土志愿服务队伍的优势，成效显著。

在服务的过程中，我们也深感作为高校团队，不仅要开展好服务工作，也要持续为易地扶贫搬迁社区治理相关政策及措施的出台和完善提供咨询建议。于是，我们撰写了相关的调研报告，提交给四川省民政厅等相关部门。同时，我们也在深思，后续应该如何根据易地扶贫搬迁社区的新变化、新难点、新痛点，及时调整自己的工作重心，争取更多的服务资源，更好助力易地扶贫搬迁社区的有序发展。于是，我们在学院领导的带领下，一次次讨论，一次次修订服务方案，以“凉山州大型易地扶贫搬迁社区治理创新实验工作”为名，积极申报教育部直属高校服务乡村振兴创新试验培育项目，并于 2022 年 1 月成功获批。该项目的获批，一下子为“彝路相伴”项目打开了新的工作局面，获得了更多服务经费的支持，也凝聚了更强、更多元的服务力量。由于“彝路相伴”项目所产生的多方面的服务效益，我们还受学校乡村振兴办公室的邀请，为学校的对口帮扶县阿坝藏族羌族自治州金川县设计并实施了“‘财金缘’阿坝州金川县农村社区服务型治理创新试验项目”。该项目同样运用社会工作专业的理念和方法，积极助力传统农村社区的治理。

伴随着“彝路相伴”项目的深入开展，我对易地扶贫搬迁社区的情况越来越了解，对相关治理工作的思考也越来越成体系，自己的综合素养也得到持续提升。2021 年 11 月，我受到四川省民政厅的邀请，到厅里协助工作一年，继续围绕全省的大型易地扶贫搬迁社区治理开展服务工作。受到民政厅的邀请后，我又高兴又为难。高兴的是，这是一个难得的锻炼和成长的机会。为难的是，作为一名“青椒”，面临着年薪制考核的压力，时间上有所冲突。到底去还是不去，成为一时的难题。我遂向学校和学院的相关领导请教，积极听取他们的建议。他们都表示了全力的支持，希望我能够积极参与其中，好好发挥自己的社会工作专业优势，助力易地扶贫搬迁社区治理；同时，还鼓励我要在工作中多研究真问题、现实问题。于是，从 2021

年 12 月 7 日开始，在走完了一系列的行政程序后，我开启了同时在西南财经大学和四川省民政厅上班的日子。一天的时间里，早上可能在教室里上课，下午到民政厅的办公室工作，晚上再回到学校的办公室完成自己其他的工作任务。有的时候，又陪同厅里的领导，一连几个星期去往凉山州的各个易地扶贫搬迁社区调研、督导。这样的工作让自己一下子更忙碌了，必须精心规划每一天的时间安排。虽然忙碌，但各种收获和历练也是实实在在的。除了从学术层面，我也学会了从社会层面、行政的执行层面、国家的战略层面来思考相关问题。同时，在借调工作的过程中，我对社会工作专业的整体发展也有了更深刻的认知和理解。

四、服务与科研、学生培养的深度融合

作为高校教师，做好科研工作可以说是“安身立命”的基础。在“彝路相伴”项目的推进过程中，我有意识地将自己的科研工作与易地扶贫搬迁社区治理密切联系起来，并有了进展。从 2021 年开始，我先后以易地扶贫搬迁社区为大主题，获批了一项中央高校基本科研业务费项目，以及两项西南财经大学教师“知行天下”实践项目。2022 年 9 月，我也成功申请到国家社科基金青年项目“易地扶贫搬迁社区治理共同体构建的现实困境与实现路径研究”，践行了“从实践中来，到研究中去，再回到实践中去”的信念。在该项国家社科基金青年项目的研

究可行性论证里，我写道：“本课题最大的可行性是，我们并不是以单纯的研究者身份去挖掘和整理他人的社区治理成果，我们是社区治理方案设计者、具体行动实施者、治理学术研究者——“三位一体”的团队。课题组从2020年8月起便在研究地——凉山州的易地扶贫社区设计并实施了‘“彝路相伴”大型易地扶贫搬迁社区治理项目’。目前，该项目正在稳步推进。2022年1月，该项目也被教育部评选为教育部直属高校服务乡村振兴创新试验培育项目。该项目的有序推进，为本课题的研究奠定了坚实基础。”我想这可能也是该项目最终有幸入围国家社科基金项目的重要原因之一。

我也充分将“彝路相伴”项目的相关内容融入学生培养的多个环节。我给硕士研究生讲授的“民族、文化与社会工作”课程中，有一次课的主题是“社区治理”。我系统整理了该项目的服务案例，使其成为案例教学的典型素材，效果明显。同时，该项目中也产生了诸多服务的文化困境，成了绝佳的“社会工作文化能力”教学素材，因此可以将其贯穿到课程教学的全过程中。在课后，我亦给一些感兴趣的同学提供了深入了解易地扶贫搬迁社区治理的机会。我安排他们采访参与“彝路相伴”项目的部分代表性人物，包括地方民政局局长、社区书记、本土社会工作者、外来社会工作者、社会工作专业实习生等，并指导同学们将采访写成体系化的人物故事集，积极向各类刊物投稿。其中有两篇稿子刊发在《中国民族报》上，这既鼓励了同学们，给了他们更多的自信心，同时也宣传了“彝路相伴”项目的服务成效。而对于“农村社会工作与乡村振兴”课程，除了选课的同学必须参加外，我也要求即将前往凉山州参与“彝路相伴”项目的研究生们一起旁听。大家在课中及课后，一起根据现实的情况精心规划具体的服务内容、服务手法、服务策略等，实现了课程学习与实践学习的精准对接，也提升了课程的教学效果。

除了课程学习之外，部分社会工作专业硕士生的实习也与“彝路相伴”项目深度融合。例如，2022 年暑期，2021 级社会工作专业有 7 名同学全程参与了为期 40 多天的“彝路相伴”项目，他们将其作为自己主要的实习内容。在实习中，我兼任了同学们的校内督导与校外督导。“彝路相伴”项目的深入开展，也给同学们提供了丰富的毕业论文写作素材。我指导的两名 2020 级的研究生，分别以《双向推拉视域下民族地区外来社会工作者的流动性实践研究》和《社会工作者参与易地扶贫搬迁社区治理的角色及其困境研究》为题，顺利完成了他们的毕业论文。在服务的过程中，我们也注重总结凝练服务经验，并指导了学生团队以此为基础参加各类竞赛，均取得喜人的成绩。团队先后获得“2021 年西南财经大学青年志愿者行动十大公益品牌”“四川省首届高校志愿服务项目大赛金奖”“四川省第九届优秀青年志愿服务项目”“全国首届民族社会工作实务与技能大赛二等奖”等荣誉，我个人也荣获“四川省首届高校志愿服务项目大赛优秀指导老师”的称号。在获得这些奖项的基础上，我们持续优化项目服务内容，扎实推进各项服务工作，力争取得更突出的成绩。在大家的持续努力下，“‘彝路相伴’凉山州大型易地扶贫搬迁社区融合项目”荣获“第六届中国青年志愿服务项目大赛全国金奖”，这是志愿服务领域的最高荣誉。

事实上，于参与该项目的硕士研究生而言，他们除了完成常规的课程学习、实习实践，撰写毕业论文、参加各类比赛之外，还在此过程中培养和历练了自己，提升了自己的团队合作能力、社会关怀意识、责任担当意识、社会共情能力等。在服务过程中，大家虽然遇到很多困难和挫折，但也收获了成长与进步、温暖与感动。大家在一次次的志愿服务中，了解国情、认识世界，培养了吃苦耐劳的品质，树立了勇于担当、知行合一、团结协作、尊重差异的意识，塑造了大气为人、大智谋事、大爱行天下的青年品格。大家也体会到不仅要仰望星空，更要脚踏实地，在祖国大地上倾注爱国情怀与青春梦想。

我们持续深入社区调研，摸清不同时期易地扶贫搬迁社区治理的难点、痛点、困点，采取有效的服务策略。从 2020 年的有序推进，到 2021 年的深入扎根服务，再到 2022 年的服务再深入、再聚焦，“彝路相伴”项目正在稳步推进。2020 年重在打基础，指导社会工作机构开展服务，陪伴本土社会工作者成长；2021 年全面开花，为弱势人群提供精准服务，搭建社区治理平台，培育本土志愿服务团队，助力社区干部成长增能等；2022 年，我们将重心放到易地扶贫搬迁社区的整体融合上，并以“儿童服务”为切入口，有序引入“‘玩彝夏’易地扶贫搬迁社区治理儿童发展项目”，举办各类活动，以“玩”为媒，让儿童玩出情谊，玩成伙伴，再将影响扩大到家庭，最终让整个社区热闹起来。该项目取得了明显效果。

三年来，我们开展的“彝路相伴”项目覆盖的社区越来越多，调动的服务资源越来越多，产生的社会影响也越来越好，已经成为集党建、科研、教学、社会服务为一体的综合性项目。后续，我们还将持续深耕该项目，持久驻扎社区，打造高质量的“研究基地+实践基地+教学基地+社会服务基地+党建基地”服务矩阵，服务巩固脱贫攻坚成果同乡村振兴有效衔接，助力国家推进治理体系与治理能力现代化战略。

美丽“小江南”，幸福“新金川”

刘巧　李权财

（为持续做好学校对口帮扶地区的乡村振兴工作，积极贡献教育系统助力乡村振兴的西财力量，2022年3月，我们在学校乡村振兴帮扶工作领导小组的具体指导下，成功开展第一期“‘财金缘’阿坝州金川县农村社区服务型治理创新试验项目”。本文是对当时部分服务工作的概述。）

一、丰年人乐业，陇上踏歌行——村民安居乐业

美丽的金川县被称作四川省阿坝藏族羌族自治州的“小江南”。当春天的气息来到这片土地之时，伴着明媚的阳光与和煦的春风，白白的梨花在雪山和蓝天的映衬下，显得格外纯净。你瞧！一群人正围坐在雪山下的金川县安宁镇炭厂沟村村委会大院里，红红的脸蛋上无一不洋溢着灿烂的笑容，大家好像在不停地商讨着什么。来自西南财经大学的乡村振兴服务团队刚

来到这里，就瞧见了这热闹的一幕，好奇的侯凯悦同学被这个场景深深地吸引住了，便调皮地凑近人群“偷听”这个村庄的“机密”大事。听了半天，她脸上挂起疑惑的表情走了出来——一句话没听懂！原来她是西安人，去年刚到四川读研究生的她还没有摸清四川方言的“套路”，更别提带着浓浓藏族风情的口音。这时，一位中年男子风风火火地迎面走来，一层细蒙蒙的汗珠挂在他绯红的脸颊和宽大的额头上，村民都热情地同他打招呼，想必他应该是这里很受欢迎的干部吧！

“欢迎李老师、才让老师以及各位同学来到美丽的炭厂沟村，我们村今天召开村民大会，大家伙儿都在讨论今年如何提高村民的收入呢！”一开口，他这纯正的北方普通话不免让人惊讶：“难道他不是当地人？”其实他是西南财经大学派驻当地的罗老师，从去年开始就在这里当驻村干部。如果不是乡音难改，想必别人很难察觉他和当地人的区别，就连村支书胥书记也打趣地说：“罗老师算是我们村的人咯，今天就让罗老师作为代表向你们仔细介绍一下我们村这几年的基本情况吧。”罗老师也毫不吝啬地分享起他在炭厂沟驻村的所见所闻：“我们这个村呀，主要的农作物是花椒等，这几年在政府帮扶政策的支持下，大家都知道如何科学种植、规模产出了，光是花椒这一种农作物就能让村民增加不少收入。你看现在咱们村的学校都没有学生了，并不是我们村没有小孩子，而是这几年大家都有钱了，都希望孩子能够出去看看，便把孩子们送到外面读书去了……”越听越好奇，服务团队在罗老师的介绍下，身临其境般地体验了一番村民们的美好生活。罗老师介绍完了村里的基本情况后，一旁的村民大会也快接近尾声了。

“这位小朋友真聪明，第一次参加这种活动就可以做得那么好，如果他能够更加大声地介绍一下自己，那么他就是一位既聪明又勇敢的小朋友了。”村民大会一结束，西南财经大学的服务团队便开始组织大家开展小组活动了。村里的小孩和老人们都很期待这次服务活动，在活动室里，纷纷瞪着眼睛坐在小板凳上等着呢！不过，刚开始，大家好像都有些羞涩，服务团队便通过一些破冰游戏使现场氛围热闹了起来。“现在啊，我们要为我们自己的村庄作一幅画，主题和内容都由大家自己决定哦。”主持人的话音刚落，村民们就纷纷讨论了起来。不一会儿，村民们决定以“美丽炭厂沟，我们的村庄”为主题来作画。这绘画的场景可就热闹了！作画的村民大致分为了成年组和儿童组。成年组的老人居多，他们一边画画，一边向服务团队讲述着过往岁月，也感叹着这些年来，在党中央坚定有力的领导下越过越好的日子，言语间满是幸福与喜悦。儿童组的画风比较多元，有的在画颇有风情的藏式房屋，有的小朋友在画硕果累累的梨树，还有的在画美丽的地球村之共抗疫情。看来小朋友们不仅心系祖国，心中更装着世界与大爱。画好后，村民们商量着将这幅长长的画卷挂在村委活动室，为村里的活动室增添几分色彩。

二、克己奉公干事业，爱岗敬业为人民——干部兢兢业业

“今天已经是周六了，可能乡政府没有什么村干部会来听这个培训吧。而且听说今天要维修电缆，全乡都会停电呢。”西南财经大学的服务团队在车上有点担心。他们正要前往金川县独松乡乡政府为当地的乡村干部做培训。到达乡政府门口后，还没下车，便未见其人先闻其声了——西南财经大学的另外一位驻村干部饶老师已经早早地在门口等待。饶老师向大家介绍着独松乡的基本情况和他的日常工作，他的热情与熟练让我们都忘记了他也只是一个才研究生毕业两年的二十多岁的小伙子。

“乡干部和各村的村干部早已在会议室等候，听说是西南财经大学的藏族和彝族博士老师要来做培训，大家都很期待。”饶老师的这句话可算是打消了两位老师的顾虑。在正式培训之前，有不少村干部还拿出手机拍起了抖音，真想知道他们会配上什么样的文案来记录这次培训会。培训会上，才让老师以“如何在关键生态区域协调人兽关系”为主题，提出在基层社区治理时要秉持整体性视角，注重保护生态环境，促进人与环境的和平共处。随后，李老师以“乡村振兴中的几个要点”为主题，就如何加强农村党组织的建设、服务弱势人群和开展社区营造几方面提出了建议。培训过程中，突然停电了，PPT 放映设备呈现“瘫痪”状态，但这个小插曲并没有减少两位老师

分享知识的热情。也许同为少数民族的他们，更加期盼为各民族共同繁荣发展贡献出自己的一份力量。

村干部们也展现出他们前所未有的尊重与热情，认真地倾听着两位老师的分享。最后，村干部们总结了本次学习的收获，同时也提出了疑问，并与两位老师进行了热烈的讨论。这里的村干部经常参加这样的培训，因为他们深知只有努力为村庄谋出路、求发展，让大家富裕起来，村民的生活才能更加幸福美满！培训结束后，在饶玉申老师的盛情邀请下，服务团队一起到了他所驻扎的村庄。村庄离乡政府有一段车程，在车上，饶老师对村子的情况如数家珍，“骄傲”二字已经写在了他的脸上。“你们看，从这里起，就是我们村啦。我没事的时候就喜欢和村民们一起散步聊天，有时和他们聊聊‘八卦’，现在村里的老人年轻时和谁要过朋友我都知道。”

快速融入当地，准确把握村情民意，及时反馈和解决相关问题是驻村干部的重要工作之一。饶老师和我们解释道：“不要小看平时散步哦，其实你是在和村子进行‘交流’。通过这种‘交流’，能够发现村民们日常生活中存在的一些问题，比如大家最近用水困难啦，山体泥石流滑坡阻断村道啦，等等，可以第一时间通知大家注意安全，同时组织人手修理抽水机、维护管道、清理积石。同时，还能向大家宣传一些政策内容，提醒大家森林草原防火和疫情防控等事宜。有时候在村上遇到陌生人、外地车，必须要去询问一下来村上干什么，尽力守护村民们的人身财产安全。”从饶老师的言语中，我们看到了基层工作者的智慧和担当。

去村里的路并不好走，一侧是山岩，一侧是悬崖，有的同学第一次体验如此曲折的山路。同行的王同学感叹：“国家的扶贫政策是真的好啊，这里的山坡这么陡峭，可公路还是修得那么好，并尽量通往村庄里的每一户人家。”一旁的饶老师又忍不住分享他的看法，说道：“对呀！不仅是国家尽全力让大家过好日子，咱们学校也在积极响应号召。去年学校工会发给教职工的水果和干货就是从这里采购的。”

三、路漫漫其修远兮，吾将上下而求索——学生心怀梦想

由于时间关系，很遗憾没能像饶老师那样和村民们从村头聊到村尾，因为大家已经和独松乡中心校的同学们约定好下午三点不见不散。一进学校，校长严老师便先带着大家四处参观校园。“这里是经世书廊，你们可以猜猜这个有什么含义。”“难道是我们西南财经大学的办学精神‘经世济民’的‘经世’？”“确实没错，这个书廊是你们西南财经大学捐献给孩子们的，孩子们都非常喜欢这个书廊，我们每周都会投放不同的书籍在书廊里，学生们可以自由借阅。‘经世’的寓意就是希望这里的孩子孜孜以求，经世济民，也希望他们今生今世都能

够开开心心读书、快快乐乐学习。”

随后，服务团队以“优势视角下‘三区三州’儿童成长助力计划”为依托，从分析自我到认识家庭，再到全面了解自己的家乡，最后紧紧围绕“共绘民族团结同心圆”的主题开展了四场丰富的活动。同学们在此次活动中不断认识自我、认识家庭、认识家乡、认识我们的国家。其中，有的同学关注自己喜爱的体育明星，立志要成为像苏炳添一样的运动健将；有的同学心系国家大事，希望能成为像钟南山一样伟大的医生；还有的同学心怀航天梦想，渴望能成为像王亚平一样的航天员……

“我喜欢我自己的家乡，这里有蓝天、有白云、有梨花，更重要的是，这里有我的家人。我也希望自己能够好好读书，以后能去大城市里读大学，多走走、多看看，毕业后能回到这里，像我们老师一样在自己的家乡教书育人。”

夜幕降临，繁星点点，学校的操场上同学越聚越多，伴随着音乐声大家跳起了锅庄舞。此刻，他们是最美的舞者。大家的锅庄舞会越跳越好，金川的梨花会越开越盛，各族人民的日子也会越过越红火！

“彝欣”向荣，“易”路生花！

记凉山州喜德县彝欣社区的发展路

侯凯悦　李权财

四月的凉山，天空蔚蓝深邃，阳光灿烂明媚。沿着凉山彝族自治州喜德县光明镇的孙水河，远远地便能望到甘哈觉莫安置点——彝欣社区。这里是喜德县最大的建卡立档脱贫户集中安置点，也是喜德县最大的易地扶贫搬迁集中安置社区，集中安置了 1 698 户人家，涉及 9 个乡镇、33 个村共 7 000 多人。

喜德县曾经是国家“三区三州”集中连片深度贫困县之一。在过去，一些彝族群众居住在偏远的高海拔地区，交通条件落后、自然条件恶劣、经济来源单一，生活十分贫困。为破解“一方水土不能养活一方人”这一难题，喜德县把易地扶贫搬迁作为脱贫攻坚的重要着力点，一批批贫困群众搬进了新村新寨新居，住上了美丽的新房。数据显示，“十三五”期间，整个凉山彝族自治州实施易地扶贫搬迁 7.44 万户，涉及人口达 35.52 万人。从偏远的山区搬迁到城镇社区，大凉山彝族群众的生活发生了翻天覆地的变化。

一、住得惯，才能搬得出

“2019 年我刚来社区的时候，崭新的安置楼房下是随处可见的垃圾，年纪大的居民也不会用家里的电器，马桶都是三天两头地堵。”彝欣社区党委书记吉力阿体回忆道。

看似方便的现代化居家环境，却给已经习惯乡村生活的老年人带来了困扰，个别居民一度萌生了搬回老家的想法。在很多人看来，相比于搬迁群众以往所住的木板房、茅草房、瓦板房，现在良好的居住环境和完善的基础设施实在无法令人拒绝，但怎么还会有居民想搬回老家住呢？这可让社区的工作人员犯了难。如何让下山的群众住得惯，成为社区党委和工作人员的第一个工作重点。为此，社区党委和工作人员在社区内成立物业公司，同时邀请了社区里两名有相关技能的居民入职水电维修岗，为老百姓处理马桶堵塞、家电烧坏等后勤保障问题。此外，两天一次的“社区小课堂”也开展起来，课堂涉及政策宣传、社区情况、生活知识、家居使用、感恩教育等内容。

“起初，课堂的到课率比较低，尤其是老年人对新的生活环境和生活方式的融入感和接受度不高。后来，我们发动了以往在村寨中具有威望的老人，在他们的带领下，课堂的到课率不断提升。”吉力阿体说。居民有问题，社区就解决，“住得惯”成为百姓们“搬得出”的动力基础。“现在我们‘社区小课堂’的开课频率已经降至一星期一次了，从中也能看出居民对新生活已经适应了许多。社区入住率早已达到了百分之百。”吉力阿体笑着说。

二、过得好，才能稳得住

来社区参观的队伍走到一片菜园前，看到绿油油的新叶，问道：“这是什么菜?”“这是我种的萝卜，都长出来了!”一位居民热情地回答。“早在2019年年底的时候，我们就在走访中了解到，百姓觉得这里的生活成本有些高，而且大家也习惯了自己种菜吃，所以我们就开发了社区的‘微菜园’。”吉力阿体向参观队伍介绍道，“我们和居民之间会签协议，种得好还有奖励。”

当时，彝欣社区还未正式揭牌成立，但易地搬迁群众的需求得到了重视，工作人员以管委会的名义请示上级，希望能在社区中开辟一块菜地供居民种植蔬菜。经过多方努力，最终得到有关部门批示，社区中的部分绿化区被改建成了社区“微菜园”。现在，每家每户都分到了20平方米的菜地，每片菜园里还种上一棵水果树。“我不仅种了萝卜，还种了小白菜和油菜，我已经快两个月没有买过菜了。在上次的评比活动中，我的名次靠前，社区还奖励了我一块儿空地和一些生活用品。这里有房住、有地种，啥也不愁。”那位居民热情地带领访客走进自己的菜园，言语间满是幸福和自豪。“微菜园”是彝欣社区最独特的一张名片。伴着桃树、李树的成长，我们相信，彝欣社区居民亲手种下的对未来的美好期待，一定会结出累累的甜蜜果实。

三、有就业，才能真致富

为带动搬迁安置群众就业，社区内建立起彝绣合作社。合作社的负责人是彝欣社区中数一数二的绣娘，曾经参加过社区彝绣工坊的培训。技能提升后，她在社区里成立了一家合作社，带动了一批无法外出的妇女在当地就业。吉力阿体说：“这位绣娘不仅解决了自己的就业问题，还为社区部分居民提供了就业岗位，彝绣文化也通过她的合作社得到了传承和发扬。而她的爱人也在参加过社区的职业技能培训后外出务工了，两口子的生活是越来越好了。”“通过就业、创业增加收入，是居民所需，也是当地巩固脱贫成果的重要抓手。”彝欣社区第一书记欧林说。生活在社区，也工作在社区。这样的例子在彝欣社区还有很多。在喜德县彝欣社区的现场招聘会上，搬迁后的马海伍支迈出了就业的重要一步：“你好，你们公司的情况怎么样？想要什么样的人呢？”她希望找一份适合自己、离家近些的工作，以便照顾家庭。最终，马海伍支顺利签约，成为一家彝绣公司的绣娘。最近，彝欣社区的制衣厂也开了工，居民追逐幸福生活的脚步和快速转动的缝纫机一样不愿停下。就在这一针一线之间，百姓织就了属于自己的致富之路。2021 年，彝欣社区共举办了 14 期技能培训，参加人数达到 641 人。仅在社区内，假发、彝绣、服装等手工厂解决就近就业问题的人数就达到了 500 多人。在技能培训以及社区企业的带动下，彝欣社区的人均收入得到了大幅提高，真正兑现了易地扶贫搬迁工程对安置群众做出的“搬得出、稳得住、能致富”的庄严承诺。

四、有力量，才能可持续

在社区的“树新风积分超市”前，居民们排起整整齐齐的长队，不由得让人好奇。“树新风积分超市”是以积分兑换制度为基础运行起来的“慈善超市”，该运营模式来自“彝路相伴”专业社会工作者们的巧思。社区居民通过做好人好事等获得积分，当积攒到一定量的积分时，就可以到慈善超市换取生活用品。“树新风积分超市”大大调动了社区居民参与社区事务的积极性。通过奖励机制的引导，社区居民的生活习惯改善了，社区整体的环境质量提高了，“讲文明、树新风”成为社区居民自发行动的结果。从 2020 年开始，四川省民政厅坚持问题导向，积极发挥社会工作专业优势助推易地扶贫搬迁集中安置社区治理，在凉山彝族自治州 6 个特大型易地扶贫搬迁集中安置区策划实施了“彝路相伴”三年行动计划。彝欣社区便是

“彝路相伴”三年行动计划所服务的6个社区之一。

“在省民政厅的大力支持、凉山州民政局的持续协助、县委县政府的不断努力下，‘彝路相伴’三年行动计划的开展，不仅为我们社区带来了慈善超市特色项目、提供了‘快乐同行’‘天府银龄’等专业服务，也带来了大学社会工作专家的指导，还为社区注入了‘助人自助’‘服务本位’的专业理念，协助孵化社区组织、建立社工站、培养本土社工人才，而这也是为我们彝欣社区赋能，实现社区自主成长、可持续发展的重要保证。”吉力阿体对“彝路相伴”的肯定让我们看到了行动计划的成效。“现在我们社区‘两委’班子工作过程更有条理、工作效率更高，看着兄弟姐妹们的生活越来越好，我工作的信心都更坚定了。”

爬上一旁的山坡回望，一幢幢金色的易地扶贫搬迁安置楼傍水而建，一个个绿色的社区“微菜园”生机盎然，与居住区交相辉映。如今，越来越多的居民正在适应易地搬迁后的全新生活。彝欣社区以希望彝族同胞欣欣向荣、致富奔康而得名。在全面建设社会主义现代化国家的新征程上，彝欣社区的各族同胞团结一心，向共同富裕的目标不断奋进前行。

居民的笑容是最好的礼物！

记吉布比惹的社工路

陈煜雯

自“彝路相伴”项目实施以来，各项社会工作服务项目在凉山彝族自治州的6个特大型易地扶贫搬迁集中安置社区逐一落地，一批本土社会工作者在该项目中脱颖而出，吉布比惹即是其中之一。同时，他也是凉山彝族自治州昭觉县的第一位持证本土社会工作者。他表示：“人们常说，好人有好报，果然，我很幸运地持证上岗了。我的工作目标和计划，只有一句话，也是我的价值观——人的一生就是要帮助真正需要帮助的人，这才是人存在的价值。”下面是用第一人称叙述的，关于他个人的成长故事和社会工作服务经历。

一、缘起：如果父母和发小在身边，那是多么幸福的事

高中毕业后，我在深圳工作了三年，前一两年确实很好玩，吃吃喝喝玩玩，到处逛景点，后面发现没有父母在身边，总是

一个人，就越来越觉得孤单。有时候走在海边，我经常想，要是我的那些发小也在深圳，然后我们一起在海边打一下牌、唱一下歌、喝一下酒，或是带着我父母一起在外面玩，那将是多么幸福的事儿啊！后来，我回到了家乡，开了个便利店。不过，便利店现在交给我父母管理了，我就主要在沐恩邸社区做社工。

还记得小时候我跟父亲去县城办事，我看到一个小孩，是一个残疾人，但他没有轮椅，也没有拐杖，就只有两个木头，撑着手肘爬行，我觉得他是英雄，但真的太惨了！还有一个是我同学的妹妹，她的左脚残疾了，也是没有拐杖，就一直拄着一个木棍行走。去了深圳后，我才发现家乡和外面的世界差距太大了，我决定要回去，尽我所能地帮助家乡的弱势群体。

我是从 2020 年 8 月开始做社工的。最开始，是我妹妹在上班的时候无意间看到一条公告，说是组织部的一些岗位要招聘，我就去报考了，考上后来沐恩邸社区（昭觉县最大的易地扶贫搬迁安置社区）上班了。当时很多人都不知道社工是干什么的，包括当地的县级领导、民政局和组织部的领导也都不太清楚。但现在，我在沐恩邸社区工作也一年半了，昭觉县的各个单位，以及负责“彝路相伴”项目的相关领导都对社工有了一定了解。沐恩邸社区的居民，起初也是不知道社工的，这里的老百姓文化水平都很低，会说会写汉语的也不多。后来，我们在这边也开展了很多服务项目，现在他们可能还不知道我们的名字，但基本都知道有“社工”这个群体的存在，知道我们的工作内容。从我家到社区上班大概半小时车程，但我现在还没有车，这边风景比较好，每天走走路，上班心情也挺好的。前一天晚上下雪了，山上有积雪，天晴时，蓝蓝的天空，暖暖的太阳，坐在屋顶看雪山，真的很漂亮！

二、服务：你需要，我就在

昭觉县有 5 个大型的易地扶贫搬迁安置社区，沐恩邸社区是其中最大的社区，位于城北镇谷都村，于 2019 年 5 月开工建设，总占地面积 207 亩，安置了来自全县 28 个乡 87 个村的 1 428 户居民，其中包括“悬崖村”的村民。我们一共有 4 个社工，要服务 6 575 个人。当时组织部组织的招聘考试有 20 多个人报名，但最后通过考核的只有 8 个人，我是其中之一。

在岗以来，我们也开展了很多服务。在“慈善超市”项目中，社区居民通过做好人好事等获得积分，只要积攒了一定量的积分，就可以到慈善超市换取对应的物品。我们会安排楼栋长、社区工作人员和社工走街串巷，去发现、记录居民的事迹，对居民不好的言行进行劝导，表扬好人好事，发放积分券。并且，每个月会给表现优秀的前三名楼栋长或社区工作人员发放积分券，也是鼓励他们要以公平、公正、实事求是的原则记录事迹。比如，我们社区的“美容师”就是公益岗位的环卫工人，无论刮风下雨，还是在零下几度的寒冬里，他们都依然坚守岗位，穿着一件披衫，或是背着小孩，或是拖着垃圾桶，有时还需用冷水清洗马路，而他们每个月的工资只有500元……目前，我们已经关注到他们，于是就计划做一些工作牌，树立几个“保卫达人”标杆，引导社区居民爱护环境，同时也通过积分奖励的方式来调动居民的积极性。在“彝路相伴”项目组的支持下，“慈善超市”的物品都是根据居民的需求申请的，其中，“大米”是居民非常喜欢的。我们也从兑换过物品的居民中随机抽取了30人，让他们评价一下慈善超市，结果是100%好评。这种“积分兑换物品”的方式，极大地提高了居民参与社区工作的热情，同时，居民的不良行为习惯也得到改善。这种方式有效地推动了社区环境中的人、文、地、产、景的建设。

在困难人群救助服务过程中，我们入户探访了社区中的特殊困难群体，了解他们的现状和需求。这样，在后期的工作中，若有救困帮扶政策，会优先向特困人群倾斜，链接外部资源，精准对接。出乎意料的是，我原以为残疾人最需要的是辅助工具，但调查发现，他们还是习惯性地把生活用品排在了首位。另外，工作期间我也帮助单亲家庭的小孩或孤儿申请了助学金。

平时有一些老人会来办公室，但问及一些基本信息，比如住在哪一栋、哪一单元，他们都不知道，电话号码就更不记得了。他们一般会把地址、电话号码写在一张纸条上，然后递给我们看。有一些不记得电话号码的老人会通过拨打工作人员的电话来查看自己的手机号。有时候办事的人排着长队，既不方便，办事效率也不高。所以，我们就开展了“老吾老”项目，收集社区老人的基本信息，制作成个人信息卡，包括紧急联系人和地址等内容。卡片可以直接佩戴，这样既方便老人办事，也能避免老人发生意外而联系不上家人的情况。在“彝路相伴”三年行动计划中，成都市同行社会工作服务中心指导我们开展了很多活动，比如“彝路相伴”——“搬新家·换新颜·迎新春，我的社区我的家”风采展、“童心相随”六一儿童节定向援助、义诊义演义剪义展义拍公益倡导等活动。通过组织参与这些活动，我的工作能力不断得到提升，个人的工作价值得以体现，既帮助了社区的老人和小孩，又营造了良好的社区氛围，促进了社区的融洽。比如，一些老人原本是有才艺的，会唱歌、会跳舞、会玩乐器，但他们都不敢上台展示。但通过我们的引导，他们现在已经不用像以前那样被拉着参加活动了。平时闲着的时候，他们也会主动去展示，主动性被激发了出来。

沐恩邸社区的空巢老人比较多，我平常喜欢到处走动，就发现有的老人经常一个人坐在家里，或是搬个小板凳坐在门口，一眼望去就很孤独，看得我很心酸……他们不会玩手机，也没有手机可以玩。刚搬迁到安置社区，周围环境都很陌生，不像以前居住的村庄那样，生活了几十年，大家相互认识，很熟悉，大家吃饭、吹牛、烤火，做什么事情都可以在一起，可以闲聊。

而在新社区，他们认识的人比较少，就容易感到孤独。因此，在节假日期间，我们就会邀请老人一起过节。

他们有些是五保户、无儿无女或者丧偶的，有的是子女外出务工的，其实他们也想享受天伦之乐，但是没有机会。所以，我们会组织一些小孩和老人们一起过节，让小孩帮老人洗手、擦脸，在陪伴老人的同时，也培养小孩子们敬老爱老的意识。小孩子高兴，老年人也特别欢喜，我也感觉特别好。另外，我还知道一位空巢老人，他原来所在的村庄就只有他一个人搬到了我们社区，所以，社区的人他几乎都不认识。他的年龄比较大，行动又不便，也不出社区，那就只能一个人待着，默默地抽着旱烟……通过参加我们组织的一些活动，这位老人现在已经慢慢走出来了，认识了五六个邻居，偶尔也会串串门。

另外，亲子沟通不畅是社区存在的一个普遍问题，对此，我们也开展了一些活动来促进亲子关系，比如，设计了“让小孩扶着蒙眼的家长通过路障”等游戏。活动结束后，会以物品奖励表现优秀的家庭，以资鼓励。奖励物品也是通过需求调研“投其所好”的。但是，我发现即便做了一些事，社工的力量还是比较薄弱，有点力不从心，还需要更多其他主体的参与，一起来帮助这些弱势群体。我们也不可能一直陪伴那些空巢老人，只能经常性地组织一些活动，让他们来参与，但覆盖范围也不广，因为社工只有几个人，而社区居民有 6 000 多人……

所以需要多方的参与，共同促进社区的建设与融洽。

从 2020 年 8 月开始，成都市同行社会工作服务中心“彝路相伴”团队在沐恩邸社区开设了 21 期的社区治理人才培育课程。每一期我都有参与，也从中学习到有关社区发展治理理念和基础理论知识，以及社工基本实务方法与技巧。我还有幸参访了成都的多家社会组织和四川省民政厅，也参与了一些讲座。2020 年年末，我参加了全国社会工作职业资格考试，并有幸成为昭觉县第一个持证的本土彝族社会工作者，我感觉挺自豪和开心的。之前，有社工前辈给我讲过：“我们在开展各种活动时需要注重本土化、亲民化，让更多的彝族同胞们参与到社工活动中，灵活运用网络载体增强与老百姓的互动，同时将‘悬崖村’的彝族文化特色传播出去，做好后脱贫时代的社区治理工作，共同实现昭觉县的共建、共治、共享，让社区居民拥有较强的归属感和幸福感。”我对此很认同，也想往这个方向多努力。

三、感悟：你的笑容是最好的礼物

从社区到县城大约四公里，但这边大多数居民都选择步行去县城，不管是抱着小孩的妇女，还是背着东西的老人，都舍不得花五元钱坐车。之前我看到一个老人，他背了大概是四五十斤重的粮食，也是走路到县城。还有一次看到一个老奶奶，她带着孙女背着一大摞纸板从社区走到县城去卖，那还是很累的。如果是在大城市或者县城，连几百米的路程，大家可能都会选择打车，但是我们这边的居民为了省下这五元钱，宁愿负重步行。现在这边的路已经修好了，如果有公交车，收一元钱，既连接昭觉县的五个社区，又能到县城，我想他们应该是很愿意花这一元钱的。

当前面临的最大困境就是，我知道他们缺什么，但是我很难提供更多实质性的帮助。通过入户调研，老人、小孩，或是残疾人，我都知道他们的困难，但有时候却无法及时回应他们的需求，这是一个很大的难题。我在想，我们社工还是要尽可能多地了解相关政策，多想办法、多努力，不管是物资的链接还是技术方面的支持。最近我们了解到“事实无人抚养儿童”的相关政策，正在着手为符合政策的儿童争取一些资源。

过两天又是“慈善超市”开门兑换物品的日子了……看到居民们领取物资时脸上洋溢的笑容，我想，这是我选择做社会工作得到的最好的礼物！

凉山服务中我的所见与感悟（一）

王思琪

凉山，这里有独特的民族文化，这里的彝族如火一样，热烈且包容。这次我们要去的不是凉山最繁荣的地方，而是既发展特殊又相对滞后的一片土地。在凉山州的易地扶贫搬迁社区，这里的居民原本是生活在不同村落的，但是他们生存的土地没办法实现“一方水土养一方人”，于是党和国家帮助他们搬了出来，让他们开始新的生活，摆脱了过去的贫困。

一、做个在沙滩上捡鱼的人

大海里的鱼被暴雨冲到沙滩上，小男孩就去捡鱼，把它们一一送回大海。同行的还有一男子，男子说，别捡了，捡不过来的。小男孩一边捡一边说，这条鱼在乎，这条鱼也在乎。一条，两条，三条。对啊，出发凉山前，身边的朋友问我，凉山那么大，人口那么多，你服务得过来吗？你们一个团队不到十个人，去那么大的凉山能做什么啊？为他们送钱还是送书包？在别人眼中，我和我的团队都是沙滩上捡鱼的人。去凉山做服务，确实不能覆盖所有群体。那我们为什么还要去呢？我认为，要坚持去做自己觉得对的事，哪怕这件事在别人看来并不是那么有意义。正是无数个在沙滩上捡鱼的人一直落实党和国家的相关政策，正是越来越多渺小的人走在一线，干在一线、服务在一线、牺牲在一线，才换来了人民的幸福，才组成了社会的大家。

我们一行人首先去了凉山的几个中学，对青少年进行问卷调查。这里的孩子，要走出去，远比我想象得难。我向老师了解情况的时候，老师摇着头小声地与我说："这里的孩子不听管教。可能很多人在九年义务教育完成以后，就会出去打工了。当然班上还有一部分孩子，成绩不错，有望出去读大学，但是家庭条件或者家庭观念却不能够支撑他们走出去。"

在一所学校做调查的时候，我负责的班里有两位同学好些字都不认识。我想一个字一个字为他们念诵题目的时候，他们以害羞的方式拒绝了我。我发现，有一位女生，全程低着头，无论是做问卷还是有老师进来，她都低着头，不和任何人说话。可以明显看出来，因为长期低头，她的脊柱已经变形，驼背非常明显。可能正是她成绩不太好等原因，她有些自卑，害怕与人交往。在等待其他同学做问卷的过程中，我拉着她的手，与她聊了半个小时，引导着她回答一些问题；看她不说话，我还与她分享了自己初中的一些趣事。最后，我走的时候，她跑过来，递给我一张小字条。字条上写着：“老师，你是除了我爷爷奶奶，第一个主动拉我手的人。谢谢你，我以后也想成为你这样的老师。”我很惊讶。她害羞地走后，我拉住她的同桌询问：“那个小女生她是不是认识字、会写字，只是不愿意做问卷？”她的同桌很自豪地说：“老师，这个字条是我帮她写的，她在旁边念，我写的。”那一刻，我才知道，拉手这个不经意且平凡的小动作，对她来说有特殊的意义。

在另一个中学做调查的时候，我发现这里好多孩子的父亲、母亲或者父母亲双方都去世了。有一位同学他悄悄地问我：“老师，我父母、爷爷、奶奶、外公、外婆都去世了，我这题怎么填？”我很惊讶。我告诉他怎么填写以后，又询问他现在和谁居住，他说和叔叔居住，只不过一个月回去一次。因为没有亲人了，他只能借住在一个“叔叔”家。他很小声地告诉我，生怕周围人知道他的身世。离开的时候，我问他：“你有没有什么愿望是我可以帮你实现的？”我以为他会说一些物质上的要求，但是他说：“老师，你有成都或者你们学校的照片吗？我以后也想像你一样去成都读书，考大学。”我打开手机，详细地和他介绍了我的学校，介绍了成都，介绍了如何通过知识来改变命运。那一刻，我发现他的眼里全是光，是对外面世界渴望的光，是想走出大山的光，是充满希望的光。

这里的孩子，成长的环境、学习的环境、同辈群体的质量，比起我们要差得多。离开学校的时候，我在车里感叹，为什么有的人一出生就有很好的成长、学习、家庭环境，想要读大学或者往“上”走十分容易；而为什么有的人可能放学以后还要回家带弟弟妹妹，学习的事情只能往后放。家里条件好的，把孩子送去更好的地方读书；而有的家庭面对生活的压力、生存的压力，只能给予自己孩子有限的教育条件。我以前会觉得那些不听话的孩子本性就是恶的，他们发展不好或者未来做不好的事情，都是他们自己导致的，别人帮不了他们，无论变好还是变坏都取决于自己。但现在我觉得，如果我有能力帮助他们，有能力引导他们走向正确的方向，也许他们就会变得不一样。

我想做一位在沙滩上捡鱼的人，可能我只能帮助某一个孩子、只能改变某一个孩子，但是这个孩子背后的家庭、背后的民族，背后的社会、可能因为他发生巨大的改变。正是一个又一个孩子的改变，促进了家庭的发展，促进了民族的进步，促进了社会的繁荣。少年智则国智，少年富则国富，少年强则国强。

二、共情力的来之不易

有人会说，共情能力不是人人都有吗？不，其实我是一个缺乏共情能力的人。我在本科的时候明确地和老师说我拒绝去儿童福利院或者养老院实习，因为我接受不了。甚至以前参加去养老院服务的活动，其他同学都在给老人捶背、和老人聊天，而我则全程躲在了养老院的厕所里。那个时候的我真的无法走进他们，更别说倾听他们诉说自己儿女或者家庭的故事。当时的我是缺乏共情力的。而这一次凉山之行，让我拥有了共情力。在入户服务的过程中，这里的老人、妇女、孩子一点一点溶解了我的冷漠。面对他们，我不再只是旁观者、不再抗拒，而是行动起来，融入他们、服务他们、理解他们。

三、我找到了社工的意义

我是在医科类大学读的本科，社会工作专业，自然实习的地方也较特殊。如果说前往社工机构实习属于实习的一般模式，那么前往医院成为一名医务社工，于我而言，就是超级困难模式。在这个超级困难的模式里，打败我的不是工作加班，而是服务对象的特殊性。在什么科室能经常看到医务社工？答案是肿瘤科和血液科。我在肿瘤科所接触的服务对象基本上已经确诊为癌症晚期，在血液科接触的都是患白血病的小朋友。为他们提供服务时，不仅要注意他们的身体情况，还要观察他们的情绪变化。然而，让人难以接受的是，有时刚刚看到服务对象接受服务以后有了一些小小的改变了，第二天人就去世了。一个活生生的生命，说消失就消失了，甚至还没有好好地告别。正是因为这些体验，我找不到社工的意义。当然我也去过社工机构实习过，在那里，更多的是坐在办公室里设计方案，并提交给主管或者督导检查，然后开展活动。虽然在社工机构实习，能够帮助自己快速地积累很多社工实务经验，但是在活动的过程中经验并不能精细化。例如，开展某一活动后，结束就是结束了，并没有后期细化的跟踪反馈。

但是此次前往凉山彝族地区实习，我亲眼看到自己的服务对象——几个小朋友，从最开始的不礼貌或者存在一些坏习惯，到最后服务结束的时候有了一些转变。我觉得这是非常有成就感的。以前在社工机构实习的时候，我会对自己的工作产生怀疑：坐在办公室设计方案或者写新闻稿，还不如考公务员，至少更加体面、更加稳定。但在凉山实习以后，我有了巨大的改变，甚至还想在这里支教几年。

四、在实践中学习

第一，要多做事。不要只想着完成规定的任务，如果想更快成长，应该去做更多的事情，去帮助别人做更多的事情。如果别人负责的板块是自己所不熟悉的，那自己在学习观察和模仿的过程中，就一定要查漏补缺。而通过观察学习别人的实践模式或运行的模式，也会对完善自己的活动有积极影响。服务过程中，可以多去帮别人分担一些事情，在这个过程中会学到很多，还能够交到朋友，有助于自己的进步。如果只想着把自己的任务完成，其实是不利于团队的发展或者自己的发展的。如果一直觉得自己的任务和别人的任务是完全分开的，那么就不会与其他人有更多的交流，自己也不会反思。

第二，不要一直把自己当外行人。这一想法可能对以后的工作有很大的帮助。未来我们找的工作可能并不与所学专业对口，但这时候不应该把自己当作外行人，而应该自信，应该拿出饱满的热情，更努力地学习，快速成长。

第三，不要怕苦。身边很多朋友问我："凉山那么苦，条件那么不好，你坚持得下来吗?"又说："是我的话，我就在成都找个机构实习。"很多人觉得凉山的环境很艰苦，在机构里实习不仅有空调，上下班也很方便，非常舒服。但是这次凉山行之后，我能够感受到我所得到的收获是完全不一样的。

从调研需求、设计服务方案再到落实服务行动，基层志愿服务让我第一次全方位地接触和理解这个服务对象。看到服务对象的成长与转变，我更加懂得了志愿服务的意义与价值。志愿服务并不是要服务很多人，而是在服务的过程中，能够在不经意间去影响和改变更多的生命。作为一名微小的志愿者，我想用自己微弱的光亮和热度，去温暖和影响更多的生命。

凉山服务中我的所见与感悟（二）

龙雨佳

我是一名社工专业的硕士研究生，本科学习的是旅游管理专业。这里自我介绍的重点无关姓名和性别，而是读研以来被贴上的“跨专业”标签。第一次因这个“标签”受挫是在参与学校的志愿服务项目比赛中。在与同组组员就项目进行讨论时，我的意见被驳回，最后我所撰写的项目书也被否定。原因是：我本科所学的专业非社工专业。为此，我很受打击，经历了很长时间的自我怀疑——专业壁垒能否打破？一个“外行”能否在社工专业上取得成功？或许我真的缺少实际经验的锤炼。此事之后，我暗自下决心，一定要努力积攒社工实践经验。因此，我暑期加入了“彝路相伴”项目进行实习。而这次经历，的确让我对社工有了新的认识。

在项目初期，李老师作为带领者，承担了行程制定的任务，统筹安排主要活动。而作为学生的我们，对这样规律的工作安排“理所当然”地接受着，以为这样就可以顺利完成自己的实习工作。但不久，李老师突然将事务布置和规划权交由团队成员。开展什么小组活动、怎么开展、需要什么工具和辅助人手，都由我们自己抉择。毫无预警的完全“赋权于民”，让一直慢慢成长的我们，在一夜之间被推着急速成长起来。的确，工作模式的突然改变，还是让我们产生了些许不适应。但正是由于这种模式，才让我们的实践经验在不到一个月的时间内剧增。因为，即便我们组员之间各自有固定的职责分工，但是我们却并不是完全被动的任务承担者，而是积极策划自己所负责板块的主导者。我们要独立去考量自己所策划的项目是否专业、是否符合现实情况，然后再不断修正。在这个过程中，李老师也未缺位，始终担任项目的协作者、观察者、链接者，从侧面帮助我们。在每日活动结束后，我们会固定开一次小组会议，目的是总结和反思当天的活动，并互相提出建议，老师也会对今日开展的活动进行指导。这一工作模式在使成员发挥创造性的同时，也保证了服务的完成和质量。

来讲讲我自己的经历吧。我被授予的第一个重要任务是自主组织人际交往能力提升小组。此小组的工作对象是“玩彝夏”计划的成员们。收到任务之后，我连夜撰写小组计划书。在没有经验的情况下，我鼓足勇气，组织了人生第一次以我为主导者的小组活动。第一次小组活动虽然有许多需要改进的地方，但好在有惊无险地顺利结束了。由于老师给予了我们自由发挥空间和尊重，所以在活动进行过程中我有了自信和底气，不因缺少经验而怯场。这时，我突然有了一股力量去撕掉“跨专业”标签，去做好其他工作。这股力量来自信任。我从对活动开展的一无所知，转变为能够积极自我学习成长。

其实不仅如此，我还从被动等待安排转变为主动建言献策。行程的第一站是去凉山的多个县进行交流参访，我们在不知道每一天具体活动内容的情况下，被老师安排着完成了一项项工作。一开始很累，总觉得一天要做好多事情。想偷懒的时候，却又被老师“推着”去了更多地方，看到了不同县的旖旎风光，深刻体会到了凉山的风土人情。在逐渐适应之后，许多活动都由我们自己主动策划。例如趣味运动会，是团队花一个下午的时间讨论出来的结果，后期的开展很顺利，达到了预期的效果。在凉山服务的过程中，我的积极性也越来越高，原来面对组会谈话胆怯不敢表达意见，而现在能够组织语言，积极提出自己的观点。

在离开凉山一周后，李老师曾问过一个问题：“去之前，你所理解和想象的服务对象的情况与你去之后看到的有什么不同?”就此问题，我以五个阶段进行回答。

第一阶段，因为我家乡与凉山在地理位置上临近，我自认为对凉山彝族同胞们的了解是比较熟悉的，因此没有提前系统地对开展民族社会工作进行准备。出发前，我并未保持较高的文化敏感度，因此在服务过程中，很容易不知不觉地将自己的固有价值观念强加于服务对象。

第二阶段，在随着团队进入凉山之后，我发现了自己过往想法的幼稚和刻板。首先，使我印象深刻的是那些大山。虽然这里的山和我家乡的山一样雄伟壮观，但在这里，我第一次真切感受到了大山的阻隔。在某一个县里，我还遇到身居搬迁屋，却无法摆脱之前定下的娃娃亲的女孩。我不由地想，大山深处的女孩们，要翻越多少“大山”，才能改变思想、改变人生？在依撒社区，放学时学校门口熙熙攘攘的人群中，一位男子瘫倒在路边沉睡。在这时，我开始有了疑惑：为什么会这样？我该如何介入？我迫切想知道背后的原因。在路上的我，开始探索。

第三阶段，我们居住在美姑县西荣社区里，和居民进行接触。最初，我对眼前的一切感到疑惑：为什么居民要席地而坐？为什么有些楼道没有照明灯？为什么超市里啤酒销量那么高？语言不通的我们如何提供服务？此时，我其实从来没有认真审视和理解过服务对象，严重缺乏对民族文化知识的深入了解。

第四阶段，扎根美姑县后，随着时间的推移和活动的逐渐开展，我开始有所改变。我开始真正设身处地地去理解服务对象问题背后的真正原因。我意识到，社工在介入前应加强对不同民族文化和少数民族群体的理解，理论联系实际，多换位思考，了解并尊重、理解少数民族的文化信仰。

第五阶段，与当地社区孩子们的互动拉近了我与社区的距离，此时我不仅仅是“人”在社区，更是“心”在社区了。随着社工活动的开展，我和孩子们的接触越来越深，他们的淳朴、善良、热情不断深深地冲击和感染着我。忘了从哪一天开始，住所的楼下都会有小朋友唤我的名字，我开始惊讶，我竟然在这个远离家乡的社区有了归属感。

在和社区“两委”、彝族儿童、志愿者的交流中，我慢慢理解了当地居民的生活方式改变的渐进性，对习俗的存在和改变有了别样领悟。原来是我未看到除个人身份之外群体层面的影响，缺乏对文化敏感性，忽视了少数民族服务对象的社会文化背景。随着服务的深入，我真正开始站在服务对象的角度，思考如何采取更好的方式提供适切性服务。从去几所学校调研，到扎根美姑县提供多样化的服务，我逐渐从“局外人”变成了“局内人”。我开始理解不同民族地区儿童的生活差异和性格的差异，也从社会工作者的视角看到了在凉山易地扶贫搬迁社区中，还有许多社工可以做和改进的地方。我明白了由于民族地区独特文化的影响，那些看似不合情理、让人匪夷所思的情况却符合当地的生活逻辑，这是民族文化的独特力量。作为一名社会工作者到民族地区开展工作，必须具备一定的文化敏感性，只有在了解了服务对象民族文化、生活背景的情况下，才能着手进行干预，为服务对象提供适切性服务。

志不求易，事不避难。我们虽然身体感到些许疲惫，但内心却因“向下扎根”而异常充盈。我们要与乡野气息、风土人情进行深切连结，架起沟通的桥梁，了解丰富的民族文化，将理论与实践相结合，迸发新的活力。这一段特殊的经历给我最深的体会是：作为社工专业的学生，我们最缺的不是理论知识，也不是具体的方法，而是敢于挑战自我和质疑的勇气。“纸上得来终觉浅”，实地社会工作服务，拉近了我们与服务对象的距离，开阔了我们的视野。民族社会工作的发展还需要后续无数社会工作者的不断努力。

虽然，在凉山只短短一月余，我却对这片土地充满了感情和留恋。来的时候，我带着希冀，希望能在凉山创造并留下一些好的东西。但走的时候，感谢这片土地赠予了我这一段短暂却有意义的经历，让我有了撕掉“标签”的勇气。

凉山服务中我的所见与感悟（三）

杨婷

第一次听导师说我们有机会去凉山开展社会实践时，我内心还是比较期待的，因为我之前通过学校官网以及学长学姐的描述，对即将要开展的服务行动有过简单的了解。想去的原因也很简单，一方面是自己从来没有去过像凉山这种少数民族聚居的地方，所以想要去感受一下不一样的风土人情，阔展自己的视野；另一方面是我认为在凉山进行的社会实践，与传统意义上在社工机构开展的服务活动是有区别的，我能接触到很多和以往不一样的东西。

首先，我想说一说此行的收获。我的收获可以用一个词来概括：学习。那对我而言什么是学习呢？

一是向各位领导学习。毫不夸张地说，此行我见到了我目前人生中见到过最多的领导，就像李老师所说的，每天和各县的县委办主任、政府办主任、局长、乡镇书记/镇长、校长、社区书记等接触，这在我们日常的生活中是很难体验到的。虽然这些领导已经是一方人物，但是他们在面对我们时，仍然保持着一种谦逊的态度，以最大的热情欢迎我们这些“外来的客人”。这是我们要向他们学习的一点：谦逊做人，沉稳做事。

二是向基层工作者学习。相较一些大城市来说，凉山的条件肯定是艰苦的。但我们见到的一些政府领导、社区书记、一线社工、学校老师等，即使在工作与生活中面临着重重困难，也仍然坚守在自己的岗位上，用自己的行动表达对这片土地的热爱，不遗余力地建设脚下这片土地。同时，对于他们来说学习是一件很难得的事情，他们很珍惜每一次学习机会，因此对我们这些“文化人”表现得十分尊敬。我们年轻人生活在这样一个时代，更应该珍惜今天拥有的一切，把学习贯彻到底，学习他们这种对工作、对家乡勇于奉献的精神。我们自己也要为家乡建设贡献自己的力量。

三是向我们的服务对象学习。虽然我们的服务对象以儿童为主，但他们身上有不少值得我们学习的地方，譬如说永远保持纯粹、阳光，时刻对生活保持热爱。社区青少年作为我们的服务对象，也很值得我们大家去学习，因为他们都有一颗想要为自己社区做贡献的心，想努力发现社区居民的真正需求，服务社区，建设社区。服务对象对服务的满意度是反映我们工作的一面镜子，与服务对象进行交流学习，更能够发现我们自身存在的不足并加以改进。

四是向我们的团队成员学习。团队成员虽然性格各异，但大家都相处得十分融洽：每天轮流买菜、做饭、洗碗；晚上回来在广场上一起跳达体舞，在路上大声地唱《彝人之歌》；回到出租屋里，大家坐在桌边分享今天开展实践活动时遇到的趣事，或躺在地铺上聊聊今天遇到的烦心事。大家互相帮忙、互相尊重、互相学习，营造了良好的团队合作氛围，这也是我们这次服务工作能够顺利完成的关键所在。所以此行，大家都深刻体会到了团队合作的精神，也体会到了团队合作的重要性。我相信，如果是在传统意义上的社工机构实习，我们很难有这么深刻的体验，毕竟大多数时候我们都只是与自己的督导或同事进行工作上的简单沟通与交流。

在服务的具体过程中，我也感受到了很多不一样的东西。在未到凉山之前，我是在社工机构实习，通常只是做一些杂事，所有的工作也几乎都是围绕小组工作来展开。说实话，这和本科时的实习并无太大区别，难以体现我们的自主性，很多事情都是听候安排。受疫情的影响，在机构实习不到一个月就转为了线上实习，每天留给我们的工作依然是撰写一些小组活动方案或者是项目策划书，收获甚微。而在凉山，我则有不一样的体验与收获。

一是自主性得到了提升，有更多独立完成任务的机会。从前期准备阶段到中期服务阶段，项目团队的主要负责人李老师，给了我们每个人很大的发挥空间。刚到美姑，服务还没正式开始时，李老师会让我们自己试着去寻找服务群体。虽然在某些时候我们仍存在一定的依赖性，但与机械化地完成指标相比，我们确实得到了更多的锻炼，能力也得到了较大的提升。服务期间，我主要负责青年志愿者群体的相关活动，他们与我们年龄相仿，大多都在读大学或者将要上大学，与低年级人员相比，他们的见识更丰富。所以，如何提高他们参与积极性成了大家面前的一道难题。但是我们最终通过努力，采取“工作激励+能力提升”的方式，使青少年引领计划得以圆满完成。很多青年志愿者在分享他们自己的收获时，都提到通过活动了解到了自己所在社区的另一面，因此想发挥自己的力量来服务社区、建设社区。这也恰好与我们此次活动开展的目标是一致的。

二是学会对服务群体保持尊重、平等、非批判以及个别化的态度。我们来到的是彝族聚居区，风俗习惯等与汉族相比存在差异。对于在地文化，我们应当时刻保持尊重，而不是加以评判。我们面对的服务对象主要以儿童为主，他们每个人都有着不同的性格和兴趣爱好，如何尊重他们的喜好、把他们组织在同一个队伍开展活动，是我们一直都在思考的事情。虽然我们是在两个社区同时开展相同的服务，但是面对的服务群体其特点以及社区情况是有区别的。例如，合唱队中某个社区的儿童比另外一个社区的儿童更为害羞而不敢开口，所以我们负责合唱队的同学在每次活动中都会更加关注这个社区里比较内敛的儿童，排练间隙以及结束后也会找时间与他们聊天，了解他们内心的想法，试图去挖掘他们自身的优势与潜力，争取让每个儿童能更好、更快地融入集体。

在这段旅程中，我感受颇多、收获颇丰。与社区居民同住，打破以往服务的边界感，真正融入服务群体去倾听他们内心最真实的声音，从而通过社工的专业方法努力去回应他们的需求，以此推动居民融入社区，促进社区治理的创新性发展。这是社会实践服务活动所需要的，也是社会工作者需要的，更是社会工作本土化发展所需要的。很感谢这个夏天能在凉山与“彝路相伴”项目团队、与各位少年儿童一起收获了一段珍贵的回忆，我想我肯定不会忘记这次经历。就像最后一天在西昌见到的那个《凉山日报》的大哥所说的：“我们应该感谢有这样的机会、有这么认真负责的老师带我们见识了不一样的‘世界’。”

园中学社工，成于实践中

陈煜雯

一、学，贵在会用

“你说生命用以影响生命，才是我们活着的意义，助人自助，拼尽全力，也能创出下一个奇迹……”这是孙振宇献给所有社工及社工考研人的歌，歌词中道出了社工人的价值观和使命感，旋律舒缓悠扬，一下子把我带回到研究生阶段初入学时的课堂。

第一天上课，同学们都非常积极，早早地来到教室，选择了自己喜欢的座位，等候上课铃声的响起。初来乍到，自然对周遭的一切都感到好奇，我们会猜测即将学习到的知识，想象新老师会是什么模样，又会有怎样的教学风格。上午第一堂课是“社会工作理论”，授课的是一位实务经验丰富且饱含教学热情的年轻教师。下午的“社会工作实务”课程也由该老师讲授，他相当于包揽了一整天的教学任务，真是“小小的人儿，凝聚着大大的能量”。学习完一天的课程，我竟不觉倦怠，反倒意犹未尽。究其原因，社会工作本是一门实践性较强的学科，实务工作说到底也就是做“人”的工作，与人建立关系、评估需求和问题，进而帮其脱困。老师在课堂中引入实务案例，让我们从鲜活的事件中去体悟社会工作的价值和方法，使听课如同听故事，并且师生之间的互动式教学也为课堂增添了几分活力。这是我对社会工作的第一印象——有趣、实用、具有挑战性。

研究生阶段的课堂不同于本科阶段，特别是在一些选修课上。初遇十几个人的课堂，让我有些诧异，甚至觉得上课都好冷清。然而，几周的课堂体验后，反而觉得人少是有优势的，同学间、师生间的相互连接会更紧密，课堂参与感也会更好。因此，我也慢慢喜欢上讨论式/辩论式的课堂教学。虽然上课形式和课堂人数不同于以往，但不擅长主动回答问题的“传统”还是被保留了下来。老师会挨个向我们发出“灵魂拷问”——你觉得呢？每当这时，我就开始凝神屏息，大脑飞速组织答案，以应对突如其来的点名，心里默念：看不见我……看不见我……

课堂上的学习，不仅是学习课本知识，还能从同学和老师的言行中感知社会工作“以人为本”的特质。社会工作重在实操，“打铁还需自身硬”。在正式开展服务工作之前，课堂中的情景练习是必要的，如果我们只固守社会工作的三大方法而不知变通，在错综复杂的社会现实面前则会困难重重。只有当我们认可一件事的时候，才会认真投入、用心做好。而课堂演练的作用之一也在于此。小组方法课上，老师带领我们开展“减压”小组活动，以热身小游戏开始，逐渐触及我们内心的压力，通过运用社会工作的手法，有技巧地引导我们探寻压力的来源，并借助一些肢体运动来舒缓压力。个案方法课上，我们一边学习个案咨询的理论和技巧，一边将课后情景的视频模拟练习返回到课堂，由老师和同学们一起观看，共同探讨技巧运用是否得当、如何进行优化等问题。在“学习+实践”的教学模式指引下，我们能够较好地掌握社会工作方法的运用，同时，老师也能从我们的反馈中，了解我们对知识的把握程度，进而调整或优化教学策略。

社会工作的价值观是什么？如歌词所言：“你说生命用以影响生命，也是一种精神的寄语，利他主义，不谋私利，价值观念深熟于我心。”但凡接触过社会工作相关知识的人，都会脱口而出：“助人自助。”而倡导实践案例教学法的社会工作老师任敏，在她主编的《行走的社工：专业·爱·成长》一书中则提出，社会工作的本质应该是“自助助人”。我更赞成这一说法。诚如社会工作专业倡导的“助人自助”的理念，我们应当帮助他人塑造能力，但要不要往回退一步？如果我们自己都没有“搞定”自己，何以助人？在现实的服务场景中，我们会遇到各类问题和负面情绪，如果内心没有足够强大的能量，恐怕难以更好地践行社会工作的价值观。

“社会工作领域中的服务对象有哪些？”一位可敬可爱的老师在课堂上问道。未等到我们的及时回复，他转而又问道：“你们不是服务对象吧？”同学们异口同声：“嗯！（我们是）”老师微笑：“你们哪是服务对象？真要是，也是你爸妈的服务对象，定向帮扶的对象！”言罢，嘿嘿。随着我国社会主要矛盾的转换，以及人民生活水平的日益提高，社会工作的服务对象范围有所扩大，不再局限于传统的贫弱群体，而是涉及广大民众，帮助其实现对美好生活的追求。

这是我在课堂上听到、看到、学习到的有关社会工作的价值和实务技能。学好知识是前提，干好实事才是目的。

二、行，重在善思

读万卷书，也要行万里路。在课堂学习之余，我也跟随老师到民族地区参与了社会工作实践。在阿坝州金川县服务时，我参加了一场社会组织孵化园的培训交流座谈会，遇到一位社工前辈，她对我和队友们在会场的表现一一做了点评，切实运用了社会工作中的“优势视角”，而且，夸得恰到好处，评得入木三分，深刻让我感受到一位社会工作者的人文关怀，令人如沐春风。社会工作者通常会筹办一些活动，邀请服务对象参与，在互动中与他们建立联系，只有深入了解他们，才能协助他们更好地应对困境。我也曾和服务团队的成员在伸手可触云端的山巅开展了一场老幼活动。淳朴的老年人，天真烂漫的小孩，他们背靠蓝天白云，扬起红扑扑的脸蛋，乐呵呵的。在我看来，这比用画笔勾勒出的画卷更美。在作画活动中，一位五年级的妹妹成了“重点关注对象”，她作画的主题是“抗疫成功”，小小的人儿怀揣着浓浓的家国情怀，在场的诸位无不惊叹，都纷纷表示“长大了不得了”！

如何将专业学习与实践相结合？在这一点上，我自认为还需要加强学习和历练，对于专业技巧的掌握，知道是一回事，实操起来有时还真不是那么回事，甚至面目全非。当我在阿坝州的一所乡村小学参与专业实践时，小朋友们都很配合，比我想象得更积极活跃，他们敢于展示和表达自己，生活和学习的态度都比较阳光。但由于时间仓促，各项活动的规划没有实现良好的过渡，好在结果看上去还算令人满意。活动中的长幅画卷尚未完成，食堂的饭菜香便飘进鼻孔。简餐便饭后，寻一块空地与小孩们共舞，我在他们的锅庄舞教学中学会了“转圈”，即便踩不上节拍，也并不妨碍大家跟随音乐嬉笑唱跳，即使语言不通，彼此的交流也没有因此止步。短暂相聚终了去，音乐停时当别离。原本欢快的气氛在校长的一番“煽情”发言后变得伤感。山里的小孩渴望走出大山，他们有梦想、肯努力、愿拼搏，如果有人能为他们引领方向，或许能减少其前行的阻力。庆幸他们拥有一位有情怀的校长，而我们的出现，期待能让他们看见远方！

在阿坝州走访服务的这一程，遇到敢想敢做有情怀的社工前辈、贫苦但不减热情的当地村民、年轻有活力的驻村干部、辛勤奉献的学校校长、阳光又有志向的祖国花朵。另外，我也从各级工作人员的叙述中深知基层人员参与社会治理的艰辛。有见闻，有喜忧，有思想，才能有所成长！

在暑期的实践中，我又跟随服务团队前往凉山州的易地扶贫搬迁安置社区参与专业实践。初次进入陌生的民族地区，一切所见都令我惊奇。启程前的筹备会上，我初步了解到当地的老年人、妇女、儿童比较多，青壮年都外出务工了，因此对当地的人群结构有了一个基本认知。但当真正到达凉山的易地扶贫安置社区后，现实的情况令我大为震撼，原知道当地的小孩比较多，但结果还是出乎意料！

第一次举办社区活动，原本是面向妇女的，但当活动即将开始时，人群开始从四面八方涌入，大大小小的孩子簇拥着来到社区广场，引得原本站在广场中央的我频频后退，直呼：“这是全社区的人都来了吧?! 整出一副万人空巷的阵仗!”站在我身旁的X老师说：“这才多少人，社区可有五六千人呐!”这是第一次，在一次活动中，超出我想象的，人多，小孩更多。第二次令我大跌眼镜的是在一个家庭中，人多，亲兄弟姐妹多。在最初的艺术团人员招募中，我遇到一个喜欢跳舞的小女孩。活动结束后，我们团队要去采购物资，她也要一起去。在路上，我问起她家的人口，她说有十几个人。我当时非常惊讶，以为听错了，于是再三确认了一下，事实确如所言。她的七个哥哥姐姐，加上父母、奶奶、侄子、侄女等人一起居住。在我的认知里，一般的家庭都是三四口人，最多五口人，只有小型的家庭聚会可能会有一二十口人，而他们常态化的家庭人口都是近十人，确实让我难以置信。不过，在后来继续深入了解当地居民的生活状态之后，我发现这种多子女家庭是普遍存在的。我们也走访了一些同类型的易地扶贫搬迁安置区。例如，在布拖县Y社区的广场上，能看见“小孩背小小孩”的场景，有的是帮忙照顾侄子侄女，有的则是照顾自己的弟弟妹妹，而他们自己也才几岁呀，小小的身躯肩负着大大的责任。如果能引入社会工作的力量，或许能探寻此现象背后的原因，还给孩子们一个轻松愉快的童年。当然，在后期开展专业服务工作的过程中，我看到的还是一群可爱的、调皮的、善良的、害羞的、积极的彝族大小孩们。

在社会工作专业理念的熏陶下，在实际的服务过程中，我自然会将“优势视角”“正向激励”等社会工作专业方法运用起来。例如，在一次羽毛球队的训练中，有一个小女孩始终没有办法很好地把球发出去，其中一位带队的老师在旁边非常着急，她越强调发球的正确姿势，小女孩就越紧张，不断失误。我走上前去，采取鼓励式教学，让小女孩暂时抛开所谓“正确的”发球姿势，先让球拍能够触到球，再考虑把球发得更高更远。她每击中一次球，我就在一旁给她鼓劲“不错!”“真棒”“你可以的!”“再来一次!”慢慢地，她击中球的频率变得越来越高，她脸上也开始绽放出笑容。我不知道这种引导方式是否合适，但我相信这能帮助她增强自信，而不是在“你又错了!”的负面刺激下逐渐失去练球的兴趣。只要她愿意、有兴趣、有信心，是可以把球练好的。后来在两个社区的羽毛球决赛场上，我目睹了她奋力竞赛的身影。

调皮的小孩不是坏，可能是缺乏关爱。社区中不乏一些调皮的小孩，主要是男孩，他们捣乱、骂人、吐口水等行为可能是博得关注的手段，只是方式不妥。如果我们能意识到这一点，进而尊重他们、给予他们需要的，在建立起相互信任的关系的基础上，耐心地引导他们采取妥当的方式获取自己想要的东西，就能改善他们的不良行为习惯，建立良好的人际关系。在这一点上，由于自己带入了先入为主的偏见，且缺少一点耐心，所以忽略了他们，但队友们采取了行动，并且做得很好，值得学习！

人们常说“彝族妇女十分伟大”，确实如此。我们举办的化妆活动让她们体验了短暂的快乐，而后她们又继续投身到“伟大的”事业中去了。但我想，如果男性能多为家庭做一点什么，分担一些女性承担的“理所应当”的事，这会比言语上的一句“辛苦了”来得更实际，更能促进家庭和谐，可以为女性腾挪出自我发展的空间。而相较于儿童和妇女，老年人的娱乐生活则单调许多，常见他们围坐在社区内聊天，或者刺绣。如果后续将社区内闲置的公共空间利用起来，不定期举办一些活动，以及把一些室内空间对外开放，为社区居民提供一个可以自由聚会的场所，或许能够丰富社区老年人们的生活，缓解他们的孤独感。

从课堂中来，到实践中去，对社会工作的认识由浅入深，一路上所见之人，所遇之事，无不让我庆幸当初的专业选择。专业的学习或许不能很好地服务于职业，也暂时不能实现富足的生活，但我始终相信，社会工作专业赋予我的能量和多元的问题视角，会让我受益良久。最后，以《生命影响生命》的歌词作为本篇结尾，向所有社会工作从业者致敬！

至少我还年轻，尚有所依
坚守世俗那一片纯净
价值意义，皆人赋予
世间美好由我来定义
理想现实，太阳冬季
不必再问何处是归期
有我，在那里

去老师家里做客

生动的实践教学

程龙龙

一、国庆聚会印象深刻

“社工宝宝们爱祖国，祝大家国庆快乐!”这是我 2021 年 10 月 1 日第一次去权财老师家里做客时的活动主题。彼时，我们作为西南财经大学社会工作专业一年级的研究生，刚来成都并没有多久。9 月初开学到 10 月 1 日，中间没有间隔太长时间，并不足以让我适应全新的研究生生活。说到这儿，就不得不提一下我们班“感人”的男女比例了，全班总人数 40，女生 39 人，男生 1 人。没错，我就是那个既幸运又倒霉的男生。幸运是别人认为的“幸运”，大家总会觉得男生在女生堆里是一件值得高兴的事。我总会遇到“你们班就你一个男生，那你岂不是很幸福?”之类的调侃。倒霉是我自己的主观感受，因为全班就我一个男生，再加上分宿舍时的机缘巧合，我得以“享受”单人间。在别人看来，一个人住是自由的，可是独自生活对于从没有脱离过群体生活的我来说，却是一个巨大的挑战。这意味着所有事情都是我独自承担：一个人上课，一个人吃饭，一个人回宿舍，一个人试错，一个人在陌生的环境适应新的生活……因此，欢乐的聚会活动对我融入新环境的帮助是巨大的。

9 月下旬，班主任权财老师在班群里发消息：“有国庆不回家的同学吗？10 月 1 日晚上可以到我家参加彝族特色餐会，想去的同学自愿报名参加。”作为国庆回不了家，也没朋友在成都一起玩的我，毫不犹豫地报名参加了。很快时间就到了 10 月 1 日的下午，我一个人躺在宿舍，心想权财老师怎么还不说几点去他家，再不说晚饭时间都过了，难道彝族特色餐作为夜宵吃？眼看过了下午 5 点半，我忍不住了，遂发消息给同样要去参加餐会的一个女同学，该同学说我们已经从学校出发了啊，已经快到老师家里了。原来老师早在一个星期之前就在群里通知了参加的时间及地点（老师家庭地址）。完蛋，下午 6 点餐会开始，我现在出发估计 6 点半才能到，第一次去老师家里做客就迟到，到时候大家吃到一半我敲门进去得多尴尬。但不去好像也不行，之前班长报餐会参加名单时有我的名字，突然不去好像更不礼貌。在赶去老师家的路上，我想了很多迟到尴尬的画面，让我面红耳赤。但真正到老师家里才发现好像没人介意你的迟到，你可以很自然地加入进去，大家在一起交流很融洽，我之前担心的尴尬局面完全没有出现。我在参加之前，以为这个活动可能只有我们社工班新生参加，但我去了之后发现，除了我们新生，还有大学城其他学校的少数民族同胞以及部分老师。这还是第一次和老师，以及为数不少的少数民族同胞一起吃饭娱乐，不禁让我在感到拘谨之余多了一丝额外的期待。果不其然，这次做客让我在感到愉悦的同时又获益匪浅，因此之后权财老师继续邀请同学去他家做客时，我都毫不犹豫地报名参加了。

二、活动主体丰富多元

权财老师家里的活动，我参加过很多次。活动邀请的对象大致可以分为四个群体：西南财经大学的老师、社会工作相关从业者、成都各大院校的彝族同学、2021 级社会工作专业硕士班的同学。

第一，具有活力和亲和力的老师。每一位参加聚会的西财老师，都极具活力和亲和力。以权财老师为例，他是做民族社会工作研究的，他本身也是一位彝族同胞。我一直觉得他是一个将少数民族特质和社会工作结合得相当好的人，无论是少数民族的大方热情、能歌善舞，还是活跃气氛的能力，都为他这名专业社会工作者增光添彩。活动是在老师家里举办的，菜肴有老师家乡的特产——凉山州的跑山鸡和小香猪。据他所说，这些都是其母亲在老家喂养或采购的。按我们大多数人的想法，在人数较多（超过 20 人）时，请客吃饭去外面饭店最方便，既少了饭前做菜的准备工作，也少了饭后洗碗、打扫卫生的麻烦。可是老师偏偏选择了在家里请我们吃饭，还请我们吃了他家乡的特产，一下子就让我们感觉到了他的热情和诚意，拉近了我们师生的距离。

在聚餐期间，除了吃饭，老师还特别重视不同群体之间的交流。权财老师是一个特别出色的社会工作者，他很善于观察，会在吃饭期间观察参加聚会的人的具体特质，并且每次都会将观察到的结果准确简要地总结出来。比如他会这么介绍 H 同学："虽然和 H 同学接触不多，但能感觉到她是一个表面看起来温温柔柔，但做事十分能坚持且具有韧性的人。"后来和 H 同学深入接触，我发现老师说得一点都不差。除此之外，他还特别重视每一位客人在活动期间的参与程度。他会观察在活动中谁说话较少、谁还没有发表自己的观点等，并询问"这个问题你是怎么看的？或者有什么样的感受？"等。每一次去他家做客，我都有一种参加小组讨论的感觉，满满的参与感和收获感。

第二，殷切的教诲，可敬的社工前辈。前来参加聚会的社工从业者大多都是成都市某社工机构负责人和现在或曾经表现出色的一线社工。其中，最让我印象深刻的是一对夫妻，他们大概三十五六岁。妻子在工作几年之后重新投入学业，目前在澳门大学读硕士研究生；丈夫是成都某社工机构的负责人。聚会期间，这位在读硕士给我们讲述了她丰富的工作经历，以及选择继续读书的原因，用自己的真实事例告诉了我们毕业后如何择业、如何更好地规划自己的职业生涯。而作为社工机构负责人的丈夫给我们讲的内容归纳起来主要有两点：第一是告诉我们目前社会工作行业亟需社工后辈的加入，亟需更多优秀的社工人才成长起来，大家要一起促进和帮助这个行业快速发展；第二是告诉大家目前社会工作的发展趋势，以及社工在其机构所能得到的薪资福利待遇等。在听的过程中，我可以感受到他对后辈的期许，对整个社工行业的热爱。

第三，顽强而热情的彝族同学。我对参加聚会的彝族同学们的第一感受是热情懂事。刚到老师家的时候，很多同学无所适从，但彝族同学们适应极快，会主动帮老师擦桌子、端菜、照顾新来的同学、活跃气氛等。在吃饭期间，他们也特别懂“酒桌文化”，他们会与原本不熟的人聊得热火朝天，你来我往，一杯接着一杯地用美酒联络感情，以谈笑拉近距离。与很多彝族同学交流后，我发现他们普遍上学较晚，有很多与我们年纪相仿却才刚刚迈入大学校园。详细询问过原因之后才明白，他们中很多人小时候都没有机会上学，以至于错过了适龄的教育机会。这让我想起一位老师曾经说过的一句话，大意是：我们之所以坐在大学的课堂上，不是因为我们够聪明、够努力，而是因为我们足够幸运，有机会接受教育，拥有上大学的资源。他们在如此困境中能脱颖而出，走进大学的校园，真是了不起。

我想，权财老师叫来彝族同学参加聚会，并不仅仅是因为他们同民族，更多的是想在促进民族交融的同时，让我们在彝族同学身上学习他们对生活的希望、对命运的抗争，从他们旺盛的生命力中汲取更多我们所缺少的营养吧。

第四，聚会中汲取营养的学习者。作为于聚会中的大多数，西财社会工作专业硕士班的我们则更多扮演学习者的角色。聚会期间，我们从参加聚会的各位老师和同学身上汲取精华，吸收营养。因为不是在课堂上，所以我们有了更多“现学现卖”的机会，大家积极地将自己所学到的知识运用到当下的场景中。在权财老师身上学到重视个体，便马上轻声与身边比自己更无所适从的同学聊聊天，帮助他们更好地融入环境；从其他老师身上捕捉到自己感兴趣或者需要的信息，立马起身追问以获得更全面的认识；从彝族同学身上学到热情和坚韧，立马笨拙地模仿着他们的行为举止，希望自己也变成他们那样勇敢向上的人。整场聚会活动中，我们在观察、在学习，在活动最后总结和分享自己的感受，加速自己的成长。

三、实践教学收获颇多

除此之外，权财老师家里的聚会还有一个明显的特点，那就是每次邀请的都是不同的客人，无论是老师、社工，还是同学。他非常注重新信息的交流以及新知识的输入。他常说的一句话是：如果每次聚会交流都是一模一样的人，这样你所获得的信息、知识就会变少，交流最终就会变成吹牛聊天，聚会也就失去了意义。在这样多次和不同的个体进行交流之后，作为参与其中的学生，我们的收获是巨大的：听到了及时的信息，看到了新鲜的面孔，学到了宝贵的知识。每次参加聚会就像是上了一堂生动的实践教学课，不仅增长了我们的见识，还给了我们一种全新的体验，这种体验是我们在课堂中感受不到的。我能强烈地感受到人与人从相识、相熟到相知的过程。别人的讲述，能让我体验到另一种截然不同的人生，这种感受很奇妙，仿佛他们说的故事就是我以前经历过或以后将要经历的生活。在我十几年的学生生涯中，从来没有接触过这种教学方式，原来在休闲娱乐中也能学习。学习这么开心，生活如此有趣，每次聚会都有新的输入，新的想法不断生长攀爬，占满了我的整个头脑。

后记

从来没有想过，我们的第一本书就这样出版了。中间有战战兢兢，也有停滞不前。但本书最终还是在大家的支持和鼓励下完成了，这是我和同学们的一项重要尝试，也是大家的一桩心事。这本书，既是我们对自己生命历程的记述，也是我们对社会工作专业发展的思考和理解，饱含着我们对专业学习的热情和憧憬。

本书的主要部分由李权财写作完成；西南财经大学 2020 级社会工作专业硕士生骆薇、罗炳尧，2021 级社会工作专业硕士生刘巧、侯凯悦、陈煜雯、王思琪、龙雨佳、杨婷、程龙龙等同学参与部分内容的写作。感谢西南财经大学社会发展研究院的领导和同事给了我们充分的信任，并提供了良好的成长环境。感谢四川省民政厅的领导，以及凉山州各地的社工伙伴与朋友，为我们提供了难得的实践机会，让我们得以持续深入凉山州，深耕“彝路相伴”项目。感谢中央财经大学的崔萌老师，参与了本书的策划，并持续为我们出谋划策，贡献甚多。感谢江南大学的许铁冰老师，为本书名称的拟定给予了宝贵建议。感谢西南财经大学出版社的何春梅和肖翀编辑，她们充满敬业精神，为我们提供诸多专业上的支持和建议。感谢西南财经大学社会工作专业硕士生郭盼盼、黄晓虎，协助对书稿进行了编排和校对。感谢所有人的辛苦付出！

李权财

2023 年 5 月